Elie Wiesel

Gesang der Toten

Elie Wiesel

Gesang der Toten

Erinnerungen und Zeugnis

Mit den Nobelpreisreden von Oslo

Herder
Freiburg · Basel · Wien

Titel der Originalausgabe: Le chant des morts
Aus dem Französischen von Christian Sturm

Aus dem Englischen von Rudolf Walter

Umschlagfoto: Peter Friebe

Herstellung: Freiburger Graphische Betriebe 1987
ISBN 3-451-20991-8

Inhalt

Der Tod meines Vaters

Der Todestag eines gewissen Schlomo ben Nissel fällt auf den achtzehnten Tag des Monats *Sch'wat*. Er war mein Vater, morgen ist sein Todestag, und wie in den vergangenen Jahren weiß ich nicht, wie ich mich ihm nähern soll.

Der *Schulchan Aruch,* das große Buch der Gebote des Rabbi Josef Karo, des erstaunlichen, visionären Gesetzgebers des 16. Jahrhunderts, gibt genaue und strenge Regeln. Ich könnte und müßte einfach danach handeln, der Tradition gehorchen und den Spuren folgen, handeln, wie jeder an einem Todestag handeln würde: dreimal in die Synagoge gehen, am Gottesdienst teilnehmen, ein Kapitel der Mischna lernen, den Kaddisch des Waisenkindes aufsagen und in Gegenwart der lebendigen Gemeinde Israel die Heiligkeit und die Größe des Herren loben, denn seine Wege sind schmerzlich, aber gerecht, schwer zu erdulden, aber unentbehrlich ist seine Gnade, hier und anderswo, heute und immer – sein Wille geschehe!

Zweifellos würde ich so handeln, wenn mein Vater im hohen Alter, an einer Krankheit, auch an Verzweiflung gestorben wäre. Das ist nicht der Fall. Sein Tod hat ihm nicht einmal gehört, und ich weiß nicht, auf was ich ihn zurückführen, in welches Buch ich ihn eintragen soll. Es besteht keine Verbindung zwischen seinem Tod und dem Leben, das er geführt hat. Sein Tod, verloren in der Masse, hat nichts gemeinsam mit der Persönlichkeit, die mein Vater darstellte. Er hätte ihn ebensogut verschonen können. Der Tod hat ihn aus Versehen und Zerstreutheit geholt. Es war ein Irrtum, der Tod wußte nicht, daß *er* es war. Man hat ihm seinen Tod gestohlen.

Auf einer Planke hingestreckt, lag er inmitten unzähliger,

blutbefleckter Leichname, erstarrter Schrecken in seinen Augen, eine Maske des Leidens vor der störrischen und närrischen Maske, die sein Gesicht war: in Buchenwald hat mein Vater seine Seele aufgegeben. An diesem Ort eine unnütze Seele, er wollte sie wohl nach oben zurücksenden. Doch nicht dem Gott seiner Vorfahren hat er sie gegeben, sondern dem grausamen und unersättlichen Betrüger, dem Gottfeind. Sein Gott wurde ihm getötet, sein Gott wurde ausgetauscht.

Wie könnte ich daher morgen den Tempel betreten, ohne mich und ihn zu belügen? Wie könnte ich wie die andern denken und handeln, vorgeben, daß dem Tod meines Vaters ein Sinn zukomme, der Anlaß zu Trauer oder gerechter Entrüstung sei?

Vielleicht sollte ich nach allem doch in die Synagoge gehen und den Gott der verstorbenen Kinder preisen, und sei es nur, um ihn durch meine Unterwerfung herauszufordern.

Morgen ist der Todestag meines Vaters, und ich suche eine neue Ordnung, die mir die Gelübde vorschreibt, die abzulegen und nicht mehr abzulegen sind, die Worte, die noch zu sagen und die nicht mehr zu sagen sind.

Wäre mein Vater zu seinen Lebzeiten verblendet fromm gewesen, von leidenschaftlicher Inbrunst oder religiöser Angst beherrscht, so wäre mein Verhalten eindeutig gewesen, dann hätte ich mir gesagt: an diesem Tag ist es meine Pflicht, seiner zu gedenken gemäß den jüdischen Gesetzen und Gebräuchen, denn das war sein Wunsch.

Obwohl praktizierender Jude, war er in keiner Weise fanatisch gewesen. Im Gegenteil: er verfocht die Öffnung des Geistes gegenüber der Welt. Er lebte mit seiner Zeit. Er weigerte sich, die Gegenwart einer undurchsichtigen Zukunft zu opfern. Er liebte die einfachen Freuden des Alltags und sah in seinem Körper keinen Feind. Selten kam Vater abends heim, ohne uns exotische Früchte und Leckereien mitzubringen. In den chassidischen Zirkeln war er ein neugieriger und toleranter Gast, weil er ihre Gesänge und Geschichten bewunderte, aber er weigerte sich, wie die Chassidim seinen Geist in ein System einzuzwängen.

Meine Mutter brachte ihm höchste Ehrerbietung entgegen. Sie war es, die mich zum *Heder* führte, um aus mir einen guten Juden zu machen, der nur die Weisheit und Liebe aus dem Brunnen der Thora liebe, sie war es auch, die mich zum Rabbi nach Wizsnitz schickte, um seinen Segen zu erflehen.

Mein Vater hatte den Ehrgeiz, aus mir eher einen Menschen als einen Heiligen zu machen. „Man muß die Einsamkeit bekämpfen, man darf sie nicht vertiefen oder verherrlichen – das ist deine Aufgabe", sagte mir mein Vater. Und er fuhr fort: „Gott braucht vielleicht Heilige, die Menschen können darauf verzichten."

Man traf ihn häufiger auf der Straße oder auf öffentlichen Ämtern als in der Synagoge, in den Zeiten der Gefahr war er selten zu Hause. Alle Sorgen, jeder Unglücksfall, der sich in der Gemeinde ereignete, berührten ihn. Da war immer ein Kranker, der dringend in eine Klinik nach Kolozsvàr oder Budapest transportiert werden mußte, ein unglücklicher Kaufmann, den es aus dem Gefängnis zu holen galt, oder ein verzweifelter Flüchtling, den er retten mußte. Viele, die dem polnischen Ghetto entkommen konnten, schulden ihm ihr Leben. Dank ihm und seinen Freunden konnten sie, mit Geld und gefälschten Papieren versehen, die rumänische Grenze überschreiten und in die Vereinigten Staaten oder nach Palästina gelangen. Seine Tätigkeit brachte ihn für drei Monate ins Gefängnis. Wieder entlassen, ließ er kein Sterbenswörtchen über die Foltern hören, denen er ausgesetzt war, und am gleichen Tag noch wurde er rückfällig.

Meine Mutter lehrte mich die Liebe Gottes. Mein Vater sprach mit mir fast nie über die Gesetze, die die Beziehungen zwischen der Schöpfung und dem Schöpfer vorschreiben. In unseren Gesprächen wurde der Kaddisch niemals erwähnt. Selbst im Lager nicht. Im Lager vor allem nicht.

So weiß ich also nicht, was er morgen, an seinem Todestag, von mir erhofft hätte. Wäre er doch nur zu seinen Lebzeiten ein von Ewigkeit und Erlösung berauschter Mensch gewesen ...

Das Problem liegt woanders. Selbst wenn Schlomo ben Nissel ein getreuer Diener des grausamen Gottes Abrahams gewesen wäre, ein Gerechter mit fordernder und unbefleckter Seele, immun gegen Schwäche und Zweifel, wüßte ich nicht, wie ich seinen Tod erklären sollte.

Das Wesentliche ist mir nämlich unbekannt: was er im letzten Augenblick seines gefaßten Kampfes fühlte, an was er glaubte, als sein Leben sich zum Ende neigte, als er bereits auf dem Weg in eine Welt war, in der man die Toten nicht mehr quält, in der sie endlich in Frieden ruhen dürfen – oder auf dem Weg in das Nichts: gleichviel.

Das Gesicht aufgetrieben, entsetzt und ausgeblutet, rang er schweigend mit dem Tod. Seine ausgetrockneten Lippen bewegten sich unmerklich. Zusammenhangloses Murmeln: nur den Klang fing ich auf, nicht die Worte. Zweifellos erfüllte er seine Vaterpflicht und teilte mir seinen letzten Willen mit, vielleicht auch bekannte er mir seine endgültige Ansicht über den Lauf der Geschichte, der Erkenntnis, das Elend der Welt oder sein und mein Leben. Ich werde es nie wissen. Nie werde ich erfahren, ob seine Lippen den Namen des Ewigen formten, um ihn trotz allem zu lobpreisen.

Mit halbgeschlossenen, aufgedunsenen Augen blickte er mich an, und manchmal glaubte ich, daß Mitleid in seinem Blick lag. Er ging, und es tat ihm weh, mich allein und hilflos in einer Welt zurückzulassen, die er sich für mich und ihn, für alle Menschen wie er und ich anders gewünscht hatte.

Dann kommt es vor, daß sich meine Erinnerung von diesem Bild löst und abschweift. Ich glaube auf seinen Lippen den Schatten eines Lächelns wiederzusehen: die Freude des Vaters, der die Welt mit der Hoffnung verläßt, daß sein Sohn, wenigstens er, eine Minute, einen Tag, eine Woche länger am Leben bleibt, daß vielleicht er den Engel der Befreiung, den Botschafter des Friedens, sehen werde – die Gewißheit des Vaters, daß sein Sohn ihn überleben wird.

In meinem Innersten glaube ich jedoch, daß es in Wahrheit völlig anders war. Als mein Vater starb, blickte er mich an, und in seinen Augen, wo es immer schwärzer wurde, stand allein tierische Angst, die wahnsinnige Angst eines Menschen, der nichts mehr versteht, weil er zuviel verstehen will. Sein auf mich gerichteter, ausdrucksloser Blick: ich weiß nicht einmal, ob er mich gesehen hat. Vielleicht hielt er mich für jemanden anders, vielleicht gar für den Würgeengel. Ich weiß nichts darüber, denn unmöglich kann man ergründen, was die Augen Sterbender sehen oder nicht sehen, unmöglich, das Röcheln zu erklären, das ihren letzten Atemzug erwürgt.

Ich weiß nur, daß ich an jenem Tag, der mich zu einem Waisenkind machte, die Tradition nicht wahrte: ich betete nicht den Kaddisch. Einmal, weil mich niemand gehört hätte, um das Amen zu sprechen, dann, weil ich damals dieses schöne und feierliche Gebet noch nicht auswendig kannte. Ich fühlte mich leer und taub: ein nutzloses Objekt, ein Ding ohne Einbildungskraft. Und dann: Worte und Wünsche waren überflüssig. Die Niederlage und das Ende waren eingetreten. In dieser stickigen Baracke, mitten im Reich des Todes, den Kaddisch aufzusagen, wäre schlimmste Gotteslästerung gewesen. Und ich hatte nicht einmal mehr die Kraft, Gott zu lästern.

Werde ich morgen die Kraft wiederfinden? Wie auch die Antwort ausfällt, sie wird falsch, zumindest unvollkommen sein. Mit dem Tod meines Vaters wird sie nichts zu tun haben.

Die Auswirkungen des Menschenopfers in den Konzentrationslagern auf die gläubigen wie ungläubigen Juden und Christen sind noch nicht bis zum Grunde, noch nicht ausreichend abgemessen worden. Das überrascht nicht. Die es durchgemacht haben, können nicht objektiv sein: sie werden immer die Sicht des Menschen gegenüber dem Absoluten haben. Die Gelehrten und Philosophen aller Fachrichtungen, die der Tragödie beiwohnten, werden dieses Thema nicht behandeln, wenn sie der Ernsthaftigkeit, also der Demut fähig sind; und sollten sie es nicht sein, was kümmern uns dann die großsprecherischen Schlußfolgerungen, die sie ziehen können! Ihr Vokabular kann den Begriff Auschwitz nicht einfangen.

Die Überlebenden, die realistischer, wenn nicht ehrlicher

sind, erkennen, daß die Gegenwart oder Abwesenheit Gottes in Treblinka oder in Maidanek ein Problem aufwirft, das unlösbar bleiben wird.

Ich kannte einen tiefgläubigen Menschen, der, als seine Kräfte versiegten, am Tag der Vergebung den Himmel anklagte; wie ein verwundetes Tier rief er aus: „Was willst Du von mir, Herr? Was habe ich Dir denn getan? Ich will Dir dienen und Dich zum König des Universums krönen, doch Du hinderst mich; ich will Deine Barmherzigkeit preisen, und Du machst mich lächerlich; ich will meinen Glauben in Deine Hände legen und Dir mein Denken opfern, und Du erlaubst es mir nicht: Warum? Warum?"

Ich kannte einen Freidenker, der nach einer abendlichen „Selektion" plötzlich wie ein geschlagenes Kind schluchzend betete. Er schlug sich an die Brust, er erkannte sich als Märtyrer. Er brauchte einen Halt, mehr noch eine Sicherheit: er litt, weil er gesündigt hat, und er erduldet die Todesstrafe, weil er sie verdient hat.

Der Verlust des Glaubens bei dem einen, die Entdeckung Gottes bei dem anderen: gleichwertig beides. Sie entsprechen der gleichen Notwendigkeit einer Standortmarkierung und der gleichen Revolution. In beiden Fällen war es eine Anklage. Vielleicht wird man eines Tages erklären, wie Auschwitz auf menschlicher Ebene möglich war, auf der Ebene Gottes wird diese Frage auf immer ein beunruhigendes Geheimnis bleiben.

Viele Jahre sind vergangen, seit ich meinen Vater sterben sah. Ich bin erwachsen geworden, und immer zahlreicher werden die Kerzen, die ich mehrmals im Jahr zum Gedenken an die verstorbenen Mitglieder meiner Familie anzünde. Ich sollte mich eigentlich daran gewöhnt haben, doch ich kann es nicht. Und jedesmal wenn sich der achtzehnte Tag des Monats *Sch'wat* nähert, überfällt mich tiefe Trostlosigkeit: noch immer weiß ich nicht, wie ich des Todes meines Vaters, Joseph ben Nissels, gedenken soll, des Todes, der ihn durch Zufall ereilte.

Eine Stimme sagte mir, es müsse genügen, wie in den vergangenen Jahren den vorgezeichneten Weg zu gehen, ein Kapitel der Mischna zu lernen und wieder den Kaddisch aufzusagen, diesen so schönen und bewegenden Gesang, der den Verstorbenen zugeeignet ist, den Tod aber nicht nennt. Warum sollte ich nicht nachgeben? Es entspräche den Gebräuchen, die durch Generationen Gelehrter und Waisenkinder verankert wurden. Durch die Lesung der Heiligen Texte schenken wir den Toten Dauer und Ruhe. So gedachte mein Vater des Todes seines Vaters.

Es wäre zu leicht: das Menschenopfer entzieht sich dem Verweis und der Analogie. Zwischen dem Tod meines Vaters und dem Tod seines Vaters ist kein Vergleich möglich. Ungenügend, ja ungerecht wäre es, wie mein Vater zu handeln. Andere Gebete, andere Riten müßten erfunden werden. Doch ich fürchte, ich bin unfähig und unwürdig. Alles in allem glaube ich, daß ich morgen trotzdem in die Synagoge gehen werde. Ich werde die Kerzen anzünden und den Kaddisch beten: ein neuer Beweis meiner Ohnmacht.

Meine Lehrer

Für manche ist die Literatur eine Brücke zwischen Kindheit und Tod. Aus der Kindheit steigt Angst, das Alter beschwört das Heimweh. Je brennender das Heimweh, je quälender die Angst, um so reiner und reicher werden Wort und Bild.

Für mich ist Schreiben eher eine *Matzewa,* ein unsichtbarer Grabstein, errichtet zum Gedenken an die Toten ohne Begräbnis. Jedes Wort verweist auf ein Gesicht oder Gebet, eines bedarf des anderen, um nicht im Vergessen zu versinken.

Ich habe diese Haltung gewählt, weil der Todesengel zu oft die Wege meiner Kindheit gekreuzt und ihr sein Siegel aufgedrückt hat. Wenn ich an IHN denke, geschieht es, daß ich ihn leibhaftig sehe: nicht am Ende, am Anfang des Weges steht er in Siegerpose. Er vereint sich mit dem Ursprung und der ersten Begeisterung, er ist fern dem strudelnden Schlund, auf den die Zukunft zutreibt.

Daher beschwöre ich, heimwehschwer, furchtlos fast, den einsamen Sieger. Vielleicht, weil ich einer entwurzelten Generation zugehöre, die keine Friedhöfe hat, auf die wir gemäß dem Brauch nach Neujahr gehen könnten, um uns auf die Gräber zu werfen und uns mit den Toten zu sammeln.

Ich habe meine Vaterstadt im Frühjahr 1944 verlassen. Klares, schönes Wetter. Die grünüberzogenen Gebirgsketten wirkten höher als sonst. Unsere Nachbarn gingen in Hemdsärmeln spazieren. Einige blickten zur Seite, andere grinsten.

Nach dem Krieg bot sich wiederholt Gelegenheit, in diese Stadt zurückzukehren. Anlässe gab es genug: ich hätte erfahren können, welcher Freund überlebt hat, ich hätte unsere

Wertsachen, die wir am Vorabend unseres Auszuges versteckt hatten, ausgraben können, hätte – und wäre es nur flüchtig – von unserem Eigentum und unserer Vergangenheit Besitz ergreifen können. Alles vernünftige Versuchungen.

Ich bin nicht zurückgekehrt. Ich bin um die Welt geirrt, stets bewußt, daß die Flucht sinnlos war: alle Wege führen zurück zu meinem Haus. Es ist auf dieser brodelnden Welt der einzige Fixpunkt. Manchmal sage ich mir, daß ich den Ort, an dem ich geboren bin, wo ich laufen und lieben lernte, niemals verlassen habe: das Universum ist nur die unendlich vergrößerte Projektion dieser kleinen Stadt irgendwo in Siebenbürgen, genannt Màrmarosszighet.

Später begegnete ich auf meinen Reisen eigenartigen, manchmal erbaulichen Menschen, die eine Persönlichkeit spielten oder sie schufen: Schriftsteller, Denker, Existenzpoeten, Troubadoure der Apokalypse. Jeder gab mir eine Marschverpflegung mit: einen Satz, ein Augenzwinkern oder ein Rätsel. Und ich konnte meinen Weg fortsetzen.

Ich weiß, daß mich meine wirklichen Lehrer, die mich führen und weiterbringen, nicht an den zauberhaften und fernen Stätten erwarten, sondern in den kleinen Studierzimmern voller Schatten und Lieder, wo ein kleiner Junge, dem ich gleiche, noch heute die erste Seite des ersten Talmudabschnitts lernt, sicher, dort die Antworten auf alle Fragen zu finden, besser: alle Antworten *und* alle Fragen.

So ist für mich der Akt des Schreibens häufig nichts anderes als der uneingestandene oder bewußte Wunsch, einige Worte in einen Grabstein zu meißeln: zum Gedächtnis an eine verschwundene Stadt, an eine Kindheit im Exil und – natürlich – zum Gedächtnis aller, die ich geliebt habe und die hinweggegangen sind, bevor ich es ihnen sagen konnte.

Meine Lehrer sind unter ihnen.

Der erste war ein quabbliger Greis mit weißem Bart, schelmisch blinzelnden Augen und blutleeren Lippen. Sein Name ist mir entfallen. Tatsächlich habe ich ihn niemals gewußt. In der Stadt berief man sich auf ihn wie auf den Lehrer von Betize, zweifellos, weil er aus dem Dorf gleichen Namens kam. Er war der erste, der mich mit liebevoller Begeisterung in die Sprache einführte. In jede Silbe, in jedes Satzzeichen legte er sein Herz und seine Seele. Das Alphabet war der Rahmen und der Inhalt seines Lebens, es umschloß seine Freude und seine Enttäuschung, seinen Ehrgeiz und seine Erinnerung. Für ihn gab es nur die zweiundzwanzig Buchstaben der geheiligten Sprache. Zärtlich sagte er uns: „Meine Kinder, was ist die Thora? Eine Schatzkammer voller Gold und Edelsteine. Um hineinzukommen, muß man einen Schlüssel haben. Ich werde ihn euch anvertrauen, gebraucht ihn richtig. Meine Kinder, was ist der Schlüssel? Das Alphabet. Also, sprecht mir mit lauter Stimme nach: *Alef, Bet, Gimel.* Nochmal und nochmal, meine Kinder, sprecht kraftvoll und stolz: *Alef, Bet, Gimel.* So wird der Schlüssel von jetzt an ein Teil eures Gedächtnisses und eurer Zukunft sein: *Alef, Bet, Gimel.*"

„Zeide der Melamed" war es, der mich die Bibel und ein Jahr später die Kommentare des Raschi lehrte. Dieser schweigsame, ewig Trauer tragende Lehrer mit seinem buschigen schwarzen Bart verbreitete Unbehagen und Angst. Er galt als streng, ja grausam. Wer zu spät kam oder den Sinn eines Satzes entstellte, dem klopfte er ungeniert kräftig auf die Finger. „Nur zu eurem Guten", erklärte er. Er geriet leicht in Zorn; zitternd, mit eingezogenem Kopf warteten wir, bis er sich beruhigte. In Wahrheit war er ein verängstigter und sentimentaler Mensch, der litt, wenn er einen widerspenstigen Schüler bestrafte; man sah es nicht, denn er wollte nicht als Schwächling erscheinen. Er offenbarte sich nur Gott. Warum hat man ihn so verleumdet? Warum hat man ihm soviel Bösartigkeit unterschoben? Vielleicht, weil er bucklig war und mit geschlossenen Augen sprach. Die Kinder, die ihn einschüchterten, ohne daß sie es wußten, kamen leicht zu dem Schluß, daß die Häßlichkeit der Verbündete oder gar der Ausdruck des Bösen sei.

Seine Schule – sie bestand aus zwei Zimmern – war in einem zerfallenen Haus eingerichtet, das sich im Hintergrund des Hofes duckte. Er bewohnte das eine Zimmer, im anderen öffnete uns sein Gehilfe, ein junger Gelehrter namens Itzchak, die schweren Türen zu der mündlichen Überlieferung. Wir begannen mit dem Traktat des *Baba-Metzia:* ein Disput zwischen zwei Personen, die ein Kleidungsstück gefunden haben; wem gehörte es? Itzchak las uns einen Abschnitt vor, und wir wiederholten ihn im Singsang. Am Ende des Schuljahres konnten wir in einer Woche eine ganze Seite bewältigen. Im folgenden Jahr standen die *Tossafots,* welche die Kommentare kommentieren, auf dem Lehrplan. Und allmählich schärfte sich der Verstand, wir drangen in den Sinn jedes Wortes ein und befreiten das Licht, das in jedem Wort seit Bestehen der Welt eingeschlossen ist. Wer kommt dem am nächsten: die Lehre Schamais, des Starrsinnigen, Unversöhnlichen, oder die Hilels, seines Gesprächspartners und Rivalen? Beide: alle Bäume nähren sich vom gleichen Saft. Ich allerdings fühlte mich dem Hause Hilel näher; er bemühte sich, das Leben duldsamer und die Suche ergiebiger zu gestalten.

Mit zehn Jahren verließ ich Itzchak und wurde Schüler des „Selischter Rebbe": ein kleiner, mürrischer Mann mit wilden Augen und krächzender, roher Stimme. In seiner Gegenwart wagte keiner den Mund aufzumachen oder zu träumen. Wenn er Ohrfeigen austeilte – und das geschah häufig, grundlos meist –, legte er seine ganze Kraft hinein. Und er hatte Kraft ... Das war seine Art, Disziplin herzustellen und uns auf die jüdischen Lebensbedingungen vorzubereiten.

Bei einbrechendem Abend, zwischen zwei Gebeten, verlas er uns ein Kapitel aus dem Buch *Mussar.* Wenn er die Qualen beschrieb, die der Sünder im Grab erleidet, noch ehe er vor das himmlische Gericht tritt, schüttelte ein Schluchzen seinen Körper. Er hielt inne und verbarg das Gesicht in den Händen: als ob er im voraus die Schrecken des Jüngsten Gerichtes erfuhr. Nie werde ich seine in alle Einzelheiten gehenden Beschreibungen der Hölle vergessen, die er in seiner kindlichen Unbefangenheit genau lokalisierte und scharf vom Jenseits abgrenzte.

Am Sabbat verwandelte er sich in einen anderen, kaum wiederzuerkennenden Menschen. Er erschien in der Synagoge gegenüber dem kleinen Marktplatz. Im Gang rechts neben dem Eingang stand er, demütig im Gebet versunken. Er sah niemand. Ich grüßte ihn, brachte ihm meine Glückwünsche dar – keine Antwort. Er hörte mich nicht. Als ob er nicht mehr wußte, wer ich war und daß ich hier war. Den siebten Tag der Woche opferte er dem Schöpfer, und er sah nichts von dem, was ihn umgab: er sah sich selbst nicht. Schweigend betete er, er folgte nicht der Stimme des Kantors, seine Lippen bewegten sich kaum. Eine ferne Traurigkeit ruhte in seinem verirrten Blick. Während der Woche hatte ich weniger Angst vor ihm.

Ich entschloß mich, die Schule zu wechseln, und wurde Schüler dreier Lehrer, die aus umliegenden Dörfern stammten.

Ihre Haltung war menschlicher. Wir hielten uns bereits für „Erwachsene", die sich ohne Hilfe an einem schwierigen Textabschnitt messen konnten. Hier und da, wenn wir unsicher waren, wandten wir uns an die Lehrer, damit sie uns den weiteren Weg wiesen; sogleich lösten sich die Probleme, die die Kommentare des *Marscha* oder des *Maharam* stellten: ihre unverhoffte Klarheit blendete uns. Den Wirrwarr eines talmudistischen Gedankengangs zu entflechten gab mir ein heftiges Glücksgefühl; ich befand mich auf der Schwelle zu einem leuchtenden und unzerstörbaren Universum, und ich sagte mir, daß jenseits der Jahrhunderte und der Scheiterhaufen immer eine Brücke existiert, die irgendwohin führt.

Dann drängten sich die Deutschen in das Leben unserer kleinen Stadt, und der heimwehschwere Gesang der Schüler und Lehrer verstummte. Alles, was ich besitze, alles, was mir versprochen wurde, würde ich geben, könnte ich ihn einmal noch hören.

Wenn ich einen Abschnitt des Talmud lese, packt mich manchmal lähmende Angst: ich habe die Worte nicht vergessen, ich könnte sie übersetzen und kommentieren, doch es genügt nicht, wenn man die Worte spricht, singen muß man sie

– und ich weiß nicht mehr wie. Plötzlich spannt sich mein Inneres, meine Augen flackern, und ich wage mich nicht umzudrehen: hinter mir versammeln sich meine Lehrer, ihr heißer Atem streift mich – wie früher bei der Prüfung warten sie, daß ich mit lauter Stimme zu lesen anhebe und den vergangenen Generationen beweise, daß ihr Gesang unsterblich ist. Meine Lehrer warten, und ich schäme mich, sie warten zu lassen. Ich schäme mich, denn *sie* haben den Gesang nicht vergessen: in ihnen ist der Gesang lebendig geblieben, stärker als die Mächte, die sie vernichteten, stärker als der Wind, der ihre Asche zerstreute. Ich will sie anflehen, in ihre Gräber zurückzukehren und nicht länger unter den Lebenden zu weilen. Doch keiner nimmt sie auf: Himmel und Erde haben sie verleugnet. Um sie nicht zu demütigen, beginne ich also einen ersten Satz zu lesen, ich wiederhole ihn, bevor ich den zweiten Satz anreihe. Meine Stimme ist nur ein Murmeln. Ich habe meine Lehrer verraten: ich kann nicht mehr singen.

Außer einem sind alle meine Lehrer in den Fabriken des Todes umgekommen, die erfunden und perfektioniert wurden zum Ruhme des deutschnationalen Genius. Ich habe sie gesehen: unrasiert, abgemagert, gekrümmt; ich habe sie gesehen: an einem sonnigen Sonntag sind sie zum Bahnhof gezogen. Ich habe „Zeide den Melameden" gesehen: sein viel zu schweres Bündel erdrückte ihm die Schultern. Ich war erstaunt: dieser Nomade sollte uns terrorisiert haben? Auch den „Selischter Rebbe" habe ich inmitten der Herde gesehen; in seiner eigenen Welt versunken, schien er es eilig zu haben, schneller wollte er ankommen. Ich dachte: er hat sein „Sabbatgesicht" aufgesetzt – doch es war Sonntag. Er weinte nicht, aus seinen Augen schlugen keine Flammen mehr; vielleicht würde er endlich die Wahrheit entdecken: ja, es gibt die Hölle – wie es dieses Feuer in der Nacht gibt.

Ich las also zum zehnten Mal die gleiche Stelle des gleichen Buches, und durch ihr Schweigen rügten mich meine Lehrer: ich habe den Schlüssel verloren, den sie mir anvertraut hatten.

Heute beschäftigen mich andere Bücher, und ich versuche bei anderen Autoren zu lernen, wie ich den Sinn einer Erfahrung erfassen und sie in eine Legende verwandeln kann. Doch die meisten Autoren sind zu geschwätzig. Der Gesang versickert in den Worten wie Flüsse im Sand.

Der „Selischter Rebbe“ war es, der mir sagte: „Vorsicht vor den Worten, hier droht Gefahr! Mißtraue den Worten. Sie gebären Dämonen oder Engel. Nur von dir hängt es ab, den einen oder den anderen Leben einzuhauchen. Vorsicht vor den Worten! Nichts ist gefährlicher, als ihnen freien Lauf zu lassen.“

Manchmal glaube ich, er stehe hinter mir, starr und ernst, blickt mir über die Schulter und liest, was ich zu schreiben versuche; er will sehen, ob sein Schüler die Welt des Menschen reicher oder ärmer macht, ob er die Engel anruft oder vor den Dämonen mit den unzähligen Namen niederkniet. Wäre der „Selischter Rebbe“ mit den wilden Augen nicht hinter mir gestanden, vielleicht hätte ich diese Zeilen anders geschrieben; mag sein, ich hätte nichts geschrieben.

Vielleicht bin ich, sein Schüler, nur sein Grabstein.

Gast eines Abends

Wie alle verfolgten jüdischen Kinder liebte ich leidenschaftlich den Propheten Elias, der als einziger Heiliger in einem Feuerwagen gen Himmel gefahren ist, um zum Herold der Erlösung zu werden.

Ohne sichtbaren Grund stellte ich ihn mir wie einen jemenitischen Juden vor: groß, düster, unergründlich. Ein altersloser, ungebundener Fürst, der überall, wo man ihn erwartet, auftaucht. Wild, seine Spuren verbrennend, stürmt er voran. Das Ende zieht ihn an, denn er allein kennt sein Geheimnis. Auf seinem Weg tröstet er den Greis, das Waisenkind und die verlassene Witwe. Er zieht die Welt in den Sog seiner Schritte. In seinen Augen steht ein Versprechen geschrieben, das er befreien möchte, doch er hat weder das Recht noch die Macht.

Meine Phantasie verlieh ihm die majestätische Schönheit Sauls und die Kraft Samsons. Wenn er den Arm erhebt, werfen sich unsere Feinde in den Staub. Wenn er einen Befehl hinausschreit, erbebt das Weltall: Die Zeit lief schneller, damit wir früher den himmlischen Palast erreichen könnten, wo uns seit dem ersten Tag der Schöpfung – nach einigen Mystikern länger, viel länger schon – der Messias erwartet.

Ein jemenitischer Jude – ich könnte nicht mehr sagen, warum. Vielleicht, weil ich noch keinen gesehen hatte. Für das Kind aus Sighet war der Jemen nicht auf der Landkarte zu finden, das Land lag woanders, in einem Traumreich, in dem sich alle traurigen Kinder aus allen Städten und Jahrhunderten an den Händen fassen, um die Gewalt, die Jahre und den Tod herauszufordern.

Später sah ich den Propheten und mußte meinen Irrtum eingestehen. Er war Jude, sicher, aber er kam ganz einfach aus

Polen. Er war kein Held der Legende: schmächtig, den Rücken gekrümmt, kniff er die Lippen zusammen, wenn er uns ansah. Seine Bewegungen verrieten Müdigkeit, doch seine Augen flackerten. Die Vergangenheit war seine einzige Zuflucht.

Der erste Abend unseres Osterfestes. Das erleuchtete Haus bereitete sich vor, das Freiheitsfest zu feiern. Meine Mutter und die beiden älteren Schwestern waren in der Küche beschäftigt, die jüngere Schwester deckte den Tisch. Vater war noch nicht aus der Synagoge zurück.

Ich war mürrisch: wir sollten das traditionelle Mahl im Familienkreis einnehmen, ich hätte es gerne gesehen, wenn ein Gast gekommen wäre wie in den vergangenen Jahren. Ich fand meine gute Laune wieder, als sich die Türe öffnete und Vater erschien: er brachte einen ärmlich gekleideten, fröstelnden, ängstlichen Fremden mit. Vater hatte ihn auf der Straße mit dem rituellen Satz angesprochen: *Kol dichfin yetei veyochal* (Komme zu uns zum Essen, wer Hunger hat).

„Ich habe keinen Hunger", hatte der Fremde geantwortet.

„Das macht nichts, kommt trotzdem, niemand darf an einem Festabend draußen bleiben."

Glückstrahlend legte meine kleine Schwester ein weiteres Gedeck auf. Ich goß den Wein ein.

„Können wir anfangen?" fragte Vater.

„Alles ist bereit", sagte Mutter.

Der Vater segnete den Wein, wusch sich die Hände und begann gemäß dem Brauch von den Taten unserer Vorfahren zu erzählen: von ihrer Flucht aus Ägypten, nach der sie sich blindlings in das große Abenteuer ihrer Begegnung mit Gott und der Geschichte stürzten.

„Ich habe keinen Hunger", sagte plötzlich unser Gast. „Ich möchte zu euch sprechen."

„Später", sagte mein Vater, der überrascht schien. „Ich habe keine Zeit, es ist schon zu spät."

Ich wußte nicht, daß dies das letzte *Seder,* das letzte Ostermahl, im Hause meines Vaters sein sollte ... Man schrieb das Jahr 1944. Die deutsche Armee hatte das Land besetzt. In Budapest hatten die Faschisten die Macht ergriffen. Die Ostfront war bis Körösmezö vorgeschoben, kaum dreißig Kilometer entfernt. Man hörte das Grollen der Kanonen, und hinter dem Gebirge war der Abendhimmel rot überzogen. Wir glaubten, daß wir wie unsere Vorfahren die letzten Stunden in Sklaverei lebten.

Die Juden wurden auf der Straße mißhandelt, gedemütigt, mit wüsten Beschimpfungen überhäuft. Ein Rabbi wurde gezwungen, den Gehsteig zu reinigen. Unsere lieben ungarischen Nachbarn brüllten: „Tod den Juden!" Unser Optimismus blieb unerschütterlich. Einige Tage, einige Wochen galt es noch auszuharren. Die Front würde ins Wanken geraten, und einmal mehr würde der Gott Abrahams sein Volk erretten – wie immer im letzten Augenblick, wenn alles verloren schien.

Das Buch der Haggada, das den Exodus erzählt, festigte unsere Hoffnung. Steht nicht geschrieben, daß jeder Jude überall und zu allen Zeiten mit seinen Vorfahren aus Ägypten ausgezogen ist, daß sich das Wunder in jeder Generation wiederholen wird?

Unser Gast indessen sah die Dinge mit anderen Augen. Sein unruhiges Wesen, seine faltendurchfurchte Stirn verwirrten uns, sein mürrisches Wesen reizte uns.

„Macht eure Bücher zu!" schrie er. „Das ist vergangene Geschichte, hört mir lieber zu."

Höflich verbargen wir unseren Unwillen. Mit bebender Stimme berichtete er von den Leiden Israels zur Stunde der Strafe: das Massaker der jüdischen Gemeinde von Kolomai und Kamenetz-Podolsk. Vater ließ ihn reden und fuhr dann nach Weise der Alten in seiner Erzählung fort, als wäre nichts geschehen. Meine kleine Schwester stellte die vier rituellen Fragen, auf die Vater antworten sollte, indem er den Sinn und die Tragweite des Festes erklärte. „Warum und durch was unterscheidet sich diese Nacht von anderen Nächten?" „Weil wir unter der Herrschaft Pharaos Sklaven waren und Gott uns in jener Nacht zu freien Menschen machte." Unzufrieden mit der Frage und der Antwort, wiederholte sie unser Gast auf seine Weise: „Warum unterscheidet sich diese Nacht *nicht* von anderen Nächten? Warum dieses Leid ohne Ende? Und warum wir, immer wir? Und warum greift Gott nicht ein? Wo bleibt das Wunder? Auf was wartet er? Wann wird sich Gott zwischen uns und den Henker stellen?"

Seine unverhofften Ausbrüche schufen eine bedrückte Stimmung. Sobald einer den Mund aufmachte, schnitt er ihm das Wort ab:

„Ihr beschäftigt euch mit dreitausendjähriger Vergangenheit und wendet euch von der Gegenwart ab: Pharao ist nicht tot, öffnet die Augen und seht, wie er unser Volk dezimiert. Moses, er ist wohl tot, nicht aber Pharao: er lebt, er wird kommen, bald wird er vor den Toren dieser Stadt, vor der Türe dieses Hauses stehen; seid ihr sicher, daß er euch verschonen wird?"

Dann las er schulterzuckend einige Stellen aus der Haggada: in seinem Mund wurden die Lobpreisungen zur Blasphemie. Vater versuchte ihn zu beruhigen:

„Sie sind niedergeschlagen, mein Freund, das darf nicht sein. Heute abend feiern wir unter dem Zeichen der Freude und Dankbarkeit das Fest."

Der Gast warf ihm einen flammenden Blick zu und sagte:

„Dankbarkeit, sagen Sie? Aus welchem Anlaß? Haben Sie schon Kinder gesehen, die man vor den Augen ihrer Mutter erwürgt? Ich habe sie gesehen."

„Später", sagte mein Vater, „Sie werden uns das alles später erzählen."

Ich hörte dem Gast zu und fragte mich: Wer ist er? Was will er? Ich hielt ihn für krank und unglücklich, vielleicht verrückt. Später erst habe ich begriffen: er war es – der Prophet Elias. Und weil sich jede Generation einen Propheten nach ihrem Bilde schafft, glich er nicht dem Propheten der Bibel und meiner Träume. Früher, zur Zeit der Könige, zeigte er sich als zorniger Prediger, der die Berge und die Herzen in Brand steckte; später streunte er als Bettler durch die Gassen des belagerten Jerusalem, um dann Student in Babylon, Botschafter in Rom, Küster in Mayence, Toledo oder Kiew zu werden. Heute hat er Gesicht und Schicksal eines armen jüdischen Flüchtlings aus Polen, der mit eigenen Augen zu oft und zu nahe den Sieg des Todes über den Menschen und sein Gebet gesehen hat.

Ich bin nach wie vor überzeugt, daß *er* unser Gast war. Sicher, oft bezweifle ich es. Unbekannt und gefährlich ist der Weg, der zu ihm führt; ein geringes Straucheln nur könnte die Seele kosten. Mein Rabbi hätte sein Leben gegeben, um ihn für die Dauer eines Blitzes oder Herzschlages schemenhaft zu sehen. Warum sollte ich verdient haben, was so vielen anderen verwehrt ist? Ich weiß es nicht, doch ich bleibe dabei: er war unser Gast. Übrigens erhielt ich noch an jenem Abend den Beweis.

Die Überlieferung fordert, daß man nach dem Abendmahl, bevor man wieder die Gebete spricht, dem Propheten einen Becher Wein darbietet, dem Propheten, der an diesem Abend allgegenwärtig die jüdischen Häuser aufsucht, als wolle er die Unzerstörbarkeit ihres Bundes mit Gott bekräftigen. So nahm Vater den schönen Silberkelch, aus dem keiner von uns jemals getrunken hatte, und füllte ihn bis an den Rand. Dann machte er meiner kleinen Schwester ein Zeichen, damit sie den erlauchten Gast bitte, von unserem Wein zu kosten. Und wir wollten ihm sagen: „Siehe, wir haben Vertrauen zu dir – trotz unserer Feinde, trotz des vergossenen Blutes verläßt uns die Freude nicht, die wir dir schenken, weil wir an dein Versprechen glauben."

Schweigend, der Bedeutung des Augenblicks bewußt, erhoben wir uns, um feierlich den Propheten zu begrüßen. Meine kleine Schwester verließ den Tisch und wandte sich zum Ausgang, als der Gast plötzlich aufschrie:

„Nein! Kleines Mädchen, komm zurück. Ich werde selbst öffnen." Etwas in seiner Stimme ließ uns erschaudern. Wir sahen ihn zur Tür stürzen und sie krachend aufreißen.

„Seht her!" brüllte er. „Niemand ist da! Niemand! Hört ihr mich?"

Dann sprang er mit einem Satz hinaus und ließ die Tür hinter sich offen.

Wie versteint, das Glas in der Hand, erwarteten wir seine Rückkehr. Meine kleine Schwester, den Tränen nahe, hielt sich beide Hände vor den Mund. Vater faßte sich als erster wieder. Mit sanfter Stimme rief er den Gast:

„Freund, wo sind Sie? Kommen Sie zurück!"

Schweigen. Vater wiederholte seinen Ruf in drängenderem Ton. Nichts. Mit brennenden Wangen lief ich hinaus, ich war sicher, ihn auf der Veranda zu finden: nichts. Ich stürzte die Treppen hinunter: weit konnte er nicht sein. Doch die einzigen Schritte, die im Hof widerhallten, waren meine eigenen. Im Garten? Viele Schatten huschten unter den Bäumen: nur seiner nicht.

Vater, Mutter, meine Schwestern, sogar die alte Haushälterin, die nicht wußten, was sie davon halten sollten, schlossen sich mir an. Vater sagte:

„Ich begreife nicht."

Mutter murmelte:

„Wo kann er sich denn verstecken? Warum?"

Meine Schwestern und ich liefen auf die Straße und durchstöberten jeden Winkel: niemand zu sehen. Ich rief:

„Heha, Freund, wo sind Sie?"

Mehrere Fenster öffneten sich:

„Was ist los?"

„Haben Sie einen fremden, buckligen Juden gesehen?"

„Nein."

Außer Atem kamen wir wieder in den Hof.

Mutter murmelte:

„Als ob ihn die Erde verschluckt hätte."

Vater wiederholte:

„Ich begreife nicht."

Da zuckte mir ein ungewöhnlicher Gedanke, der zur Gewißheit wurde, durch den Kopf: Mama täuscht sich – nicht die Erde, sondern der Himmel hat sich gespalten, um ihn aufzunehmen.

Sinnlos, ihn zu verfolgen, er ist nicht mehr hier. Im Feuerwagen ist er wieder in seine Wohnung dort oben aufgefahren, um dem Herrn der Geschichte mitzuteilen, daß sein Auserwähltes Volk in den kommenden Tagen leben wird.

„Freund, kommen Sie zurück!" rief mein Vater ein letztes Mal.

„Kommen Sie zurück, wir werden Ihnen zuhören."

„Er kann dich nicht mehr hören", sagte ich, „er ist schon weit weg."

Schweren Herzens kehrten wir zum Tisch zurück und erhoben ein letztes Mal unsere Gläser. Wir sprachen die üblichen Segnungen, die Psalmen und zum Schluß sangen wir *Chad Gadya,* das schreckliche Lied, das sagt, daß im Namen der Gerechtigkeit das Böse Böses anzieht und der Tod den Tod herbeiruft, bis daß der Würgeengel vom Ewigen, gelobt sei Sein Name, erwürgt wird. Ich liebte dieses naive Lied, in dem alles so einfach und primitiv auftritt: Hund und Katze, Feuer und Wasser, Henker und Opfer, die jeder die gleiche Strafe erleiden. An jenem Abend mochte ich das Lied nicht. Ich lehnte mich gegen die Resignation auf, die es ausstrahlt. Warum handelt Gott immer zu spät? Warum hat er den Todesengel nicht ausgestoßen, bevor noch der erste Mord begangen wurde? Wenn der Gast bei uns geblieben wäre, hätte er diese Fragen gestellt. In seiner Abwesenheit habe ich sie für meine Rechnung aufgeworfen.

Die Zeremonie ging ihrem Ende entgegen, und wir wagten uns nicht anzusehen. Vater hob ein letztes Mal seinen Becher, und wir sprachen ihm nach: „Nächstes Jahr in Jerusalem." Niemand konnte ahnen, daß es unser letztes Ostermahl in der Familie gewesen war.

Einige Wochen später habe ich unseren Gast wiedergesehen: im ersten Transport, der das Ghetto verließ. Er wirkte unbefangener, heiterer als seine Gefährten, als sei er diesen Weg schon tausendmal gegangen. Männer, Frauen und Kinder schleppten auf ihrem Rücken Säcke, Decken und Koffer. Allein er hatte leere Hände.

Heute weiß ich, was mir damals noch unbekannt war: daß er am Ende einer langen Reise, die vier Tage und drei Nächte dauerte, irgendwo in Schlesien an einem kleinen Bahnhof in der Nähe eines friedlichen Marktfleckens ankam, wo sein Feuerwagen schon auf ihn wartete, um ihn in den Himmel zu fahren: beweist das nicht ausreichend, daß er der Prophet Elias war?

Das Waisenkind

Der Talmud lehrt den Menschen,
er solle sich einen Lehrer beschaffen
und einen Freund kaufen.

Mein erster Freund war ein Waisenkind. Das ist ungefähr alles, was ich über ihn weiß. Vergessen sein Name, sein Gang, seine Eigenschaften. Die Farbe seiner Augen, der Rhythmus seiner Schritte: vergessen auch sie. Liebte er es zu singen, zu lachen, in der Sonne zu springen oder sich im Schnee zu kugeln? Ich kann mich unmöglich daran erinnern, und manchmal spüre ich Gewissensbisse – als ob ich ihn verleugnet hätte.

Ich durchforsche alle Kammern meines Gedächtnisses, hoffe, ihn wiederzufinden und zu retten, ihm wenigstens ein Gesicht und eine Vergangenheit zu verleihen: meine Hände bleiben leer. Während ich mich ohne Schwierigkeit als Kind wiedersehe, bekomme ich das Waisenkind nicht in den Griff: ein Echo ohne Stimme, ein Schatten ohne Person. Allein die Traurigkeit, die er ausstrahlte, ist unversehrt von unserer Freundschaft erhalten geblieben. Wenn ich heute in einem Menschen das Waisenkind erkenne, bricht eine alte, schlecht vernarbte Wunde in meinem Inneren wieder auf.

Fünf Jahre muß ich damals alt gewesen sein; ich besuchte seit kurzem die Grundschule, den *Heder*. Unter den Kindern, die ich nicht kannte und nicht kennenlernen wollte, fühlte ich mich, wie zweifellos jedes unter ihnen, als Opfer der Ungerechtigkeit meiner Eltern. Ich erfand ungezählte Krankheiten, um einen Tag länger zu Hause bei der Mutter bleiben zu dürfen und die Bestätigung zu erhalten, daß man mich noch immer liebhabe und nicht den Fremden ausliefern werde.

Eigensinnig widersetzte ich mich allen Bemühungen des alten weißbärtigen Lehrers, der in aller Milde darauf bestand, daß ich das hebräische Alphabet lernen sollte. Wie alle Kinder wollte ich lieber ein Kind bleiben. Ich fürchtete die Welt der strengen Gesetze, die ich hinter diesen schwarzen Buchstaben erahnte, deren geheimnisschwere Macht sich der Phantasie wie einer wehrlosen Beute bemächtigt. Wer a sagt, wird auch b sagen, und unmerklich hat ihn das Räderwerk erfaßt: wir nehmen mit den Wörtern fürlieb, wir machen aus ihnen Götter. Dunkel spürte ich, daß eines Tages, ist diese Schwelle erst überschritten, die Buchstaben des Alphabets schließlich unsere Unschuld verderben und sich zwischen unsere Wünsche und ihre, der Worte, Wirklichkeit stellen werden.

Das gleiche Mißtrauen, die gleiche Bockigkeit bei den anderen Schülern. Das Waisenkind war ein Sonderling: nie spielte es den garstigen Jungen, nie stellte es die Geduld und Milde unseres Lehrers auf die Probe. Als erster im Schulzimmer, ging er als letzter. Er lärmte und weinte nicht, er fühlte sich nicht entwurzelt in diesem schmalen Zimmer mit den feuchten Wänden, wo wir endlose Stunden um einen rechteckigen Tisch saßen, um den schon drei Generationen unglücklicher Schüler gesessen waren.

Sein vorbildliches Verhalten brachte uns gegen ihn auf: warum wollte er anders sein? Nach einiger Zeit begriff ich: er *war* anders. Seine Mutter war bei seiner Geburt gestorben.

Ich wußte nicht, was es mit dem Sterben auf sich hatte, aber ein Waisenkind zu sein war in meinen Augen eine Art Auszeichnung, eine Ehre, die nicht jedem zuteil wird. Heimlich beneidete ich ihn. Doch mein Verhalten ihm gegenüber änderte sich. Um sein Vertrauen zu gewinnen, teilte ich mit ihm meine Habe: meine Vesper und meine Geschenke. Während ich mich sonst vor jedem Essen sträubte und spreizte, nahm ich auf einmal doppelte Portionen mit.

Meine Mutter lebte: das schien mir eine Ungerechtigkeit zu sein. In seiner Nähe wußte ich mich im Unrecht: ich besaß einen Reichtum, der ihm vorenthalten wurde. Mich loszukaufen, wäre ich bereit, nicht nur sein Schuldner, sondern auch sein Bewunderer und Wohltäter zu werden. Er nahm meine Opfer an, ich erinnere mich nicht mehr, ob er mir dankte und ob er sie wirklich brauchte. Ich weiß nicht warum, doch ich hielt ihn für arm. Oder ja, ich weiß den Grund: für mich, den verhätschelten Jungen, war jedes Waisenkind ein *armes* Waisenkind. Ich begriff das Unglück nur in seiner Ganzheit: wer einen Teil der Zuneigung, eine Möglichkeit der Liebe verliert, der hat alles verloren.

Sein Geburtstag fiel mit dem Todestag seiner Mutter zusammen, ich hörte, wie er in der Synagoge den Kaddisch betete. Mit allen Kräften mußte ich mich zurückhalten, um mich nicht von meinem Vater loszureißen und auf den Freund zu stürzen, ihn weinend zu umhalsen und mit ihm Wort für Wort das Gebet der Trauer zu wiederholen, das den Herren preist, der wissen muß, was er tut, wenn er den kleinen Kindern die Freude wegnimmt.

Mit den Jahren trennten sich unsere Wege. Ich fand neue Freunde und habe heute andere Gründe, um meinen Teil der Verantwortung zu übernehmen, doch am Ursprung dieses Gefühls finde ich immer wieder ihn.

Dennoch weiß ich wohl, daß mein erster Freund seit langem kein Einzelfall mehr ist: wir gehören alle einer Generation von Waisenkindern an, der Kaddisch ist unser tägliches Gebet geworden. Jedesmal, wenn der Tod mir einen nahestehenden Menschen nimmt, ist er es, den ich beweine. Manchmal frage ich mich, ob er nicht mein Gesicht, mein Schicksal hatte, ob er nicht schon war, was ich werden sollte. Dann sage ich mir, daß ich fleißig das Alphabet lernen müßte, und wäre es nur, um ihm ähnlicher zu werden.

Mein Gedächtnis zeigt sich treuer gegenüber den anderen Freunden, seinen Nachfolgern: Haimi Kahan, Itzu Yunger, Yerachmiel, Mermelstein, Itzu Goldblat. Yerachmiel wurde vom Sturm entwurzelt, Itzu Yunger überlebte ihn, um einige Jahre später in New York an Leberkrebs zu sterben. Ich schrieb aus Paris, daß ich ihn besuchen wolle – zu spät. Ich hatte meinen Brief einem toten Freund geschickt.

Haimi Kahan lebt heute in Brooklyn, Itzu Goldblat hat sich in Israel niedergelassen. Wir sehen uns selten. Wir schreiben uns fast nichts, außer Banalitäten und den Glückwünschen zu den Hohen Festen an Neujahr. Es kommt vor, daß ich dem einen oder anderen begegne – da verschwimmt die Gegenwart: erinnerst du dich? Ja, ich erinnere mich. Kurzes betretenes Schweigen – das ist alles. Schließlich ist die Kindheit nur eine Quelle, die tiefer wird mit den Jahren; in dem Maße, wie wir uns von ihr entfernen, kommt uns ihre Reinheit und ihre Frische zugute. Wie soll man immer durstig sein? Es gibt keine Antwort: in der Quelle ertranken auch sie.

Bei meinen seltenen Begegnungen mit Haimi Kahan erinnern wir uns gern an ein Abenteuer, in das wir uns mit der ganzen Begeisterung unserer dreizehn Jahre gestürzt hatten. Wir hatten die Gründung einer eigenen Synagoge und eigenen Schule, in der die Jungen unter sich beten und lernen könnten, beschlossen. Haimis Vater – Nochem Hersch, Sekretär des Großrabbis – hielt jeden Morgen sechs Uhr einen Vortrag über den Talmud, und wir entdeckten so die Strenge seiner Regeln und seine blendende Schönheit.

Wie bei früheren Generationen ist das geschriebene und mündlich überlieferte Gesetz unsere einzige Schutzwehr: wenn wir uns in das Studium der Abhandlungen des *Baba-Kama* (die erste Pforte) oder *Baba-Batra* (die letzte Pforte) vertiefen oder wenn wir mit inbrünstigem Eifer vor und nach dem Morgengebet einige Kapitel aus den Psalmen lesen, kann uns nichts Böses widerfahren.

Die Ereignisse haben uns das Gegenteil bewiesen. Die Deutschen besetzten die Stadt, wir mußten unseren Versammlungssaal schließen. Nochem Hersch verließ uns, um in das Ghetto zu gehen. Aber seine singende Stimme klingt jedesmal in meiner Stimme auf, wenn ich den Talmud aufschlage, um mich seinen Gesetzen zu unterwerfen, in seinem geschlossenen System zu atmen und mich von seinem Glanz durchdringen zu lassen. Heute gebe ich zu, daß Nochem Hersch recht hatte, aber nicht ganz: die Thora ist der Widerschein der Wahrheit, wenn nicht ihre Flamme; aber sie ist kein Schutzwall. Heute glaube ich den Beweis zu haben, daß die Thora selbst ein Waisenkind geworden ist.

Mit Itzu Goldblat, Goldschmied und Sohn eines Goldschmieds, teilte ich den gleichen, ebenso naiven wie maßlosen Ehrgeiz: wir hielten die Wiederkehr des Messias für nahe. Wie besessen waren wir von diesem Gedanken. Der Kabbala hingegeben, töteten wir den Körper durch Fasten und das Denken durch Schweigen ab. Da wir entschlossen waren, im Traum einen „Gilui Eliyahu" zu erleben, eine Begegnung mit dem Propheten Elias, dem Verkünder der Erlösung, vergaßen wir allmählich die Wirklichkeit einer Welt im Krieg. Allein die innere Vollendung beschäftigte uns, unsere Beschwörungen dauerten Stunden. Die Leute auf der Straße hielten uns für Schlafwandler. Vor jedem Gottesdienst unterzogen wir uns der *Mikwa,* den rituellen Waschungen, um uns zu reinigen, sonst würde unser Suchen ziellos sein. In unserer krankhaften Überreizung glaubten wir, den Schritt des Erlösers zu vernehmen: das Ziel war nahe, bald würde der Klang des Schofars, des Widderhorns des Propheten, im Herzen der Geschichte widerhallen und das Blut der Opfer würde nicht länger fließen; bald würden unsere von Demut und Reue gebeugten Feinde erkennen, daß es ihnen niemals gelingen könne, das Volk des Bündnisses zu vernichten, wenn sie seine Kinder umbrachten. Bald – aber wann? Wir brannten vor Ungeduld, die Zeit drängte, es galt, schnell zu handeln. Auch hier setzte die deutsche Besatzung unserem Traum und – wer weiß? – vielleicht unserem Werk ein Ende. Der Henker kam vor dem Messias, und irgendwo unter dem friedlichen Himmel Schlesiens verbrannte das ewige Volk mit allem, was es verkörperte, in den Flammen, die Tag und Nacht loderten, vor allem in der Nacht.

Yerachmiel weigerte sich als einziger meiner Freunde, wie eine Schimäre zu leben. Er klammerte sich an die konkreten, greifbaren und realisierbaren Dinge. Er hatte den politischen Zionismus entdeckt, und seither ist er von Ungeduld getrieben. Ohne seine Talmudstudien zu vernachlässigen, fand er die Zeit, für den jüdischen National-Fonds zu sammeln, und er versäumte keine Gelegenheit, seine Ideen unter der Jugend zu verbreiten. Als begabter Agitator tauchte er überall auf, wo er glaubte, ein Publikum zu finden. Er ereiferte sich, wenn er sprach, doch in seinen Reden appellierte er eher an Vernunft als an dieses Heimweh nach Zion, das jeden Juden plagte.

Samstag nachmittag kam er zum dritten traditionellen Essen in unsere kleine Synagoge. Nicht über die Bibel, den Wochenabschnitt, sprach er, sondern über die Lage in Palästina. So erfuhr ich, daß das Heilige Land unter britischem Mandat stand und daß geheime jüdische Verbände die Waffen ergriffen hatten, um die nationale Unabhängigkeit zu erringen.

Obwohl ich mich dem politischen Aspekt seiner Ausführungen verschloß, ließ ich mich von seiner Begeisterung mitreißen. Jedesmal, wenn er Jerusalem, Safed oder den Berg Karmel erwähnte, stieg mir das Blut zu Kopf: Es war also möglich, den Tempel und das Königreich David anders als durch Buße und Tränen wieder zu errichten? Und Gott? Wo war hier sein Platz? Yerachmiel hatte auf alles eine Antwort. Auf sein Betreiben begann ich das moderne Hebräisch zu erlernen. Er hatte, ich weiß nicht wo, ein Grammatik-Lehrbuch aufgetrieben, von dem er sich nie trennte. Er lieh es mir für eine Woche, und ich mußte ihm schwören, es wie meinen Augapfel zu hüten. Bevor ich ihm das kostbare Werk zurückgab, hatte ich es auswendig gelernt; noch heute erinnere ich mich an ganze Seiten.

Doch Yerachmiels Weg führte ihn weit weg von Jerusalem, der majestätischen Stadt, und dem romantischen Traum Galiläa. Er war beim ersten Transport. Ich begleitete ihn bis zum Eingang des Ghettos. In der Menge verloren, hatte er mich nicht bemerkt. Er träumte. Von was? Von der jüdischen nationalen Wiedergeburt? Vom hebräischen Widerstand unter römischer Besatzung? Wie alle trug er ein Bündel auf dem Rücken. Ich glaube zu wissen, was es enthielt. Außer Nahrung und Kleidung ein kleines, unersetzliches Buch: die hebräische Grammatik.

Später, auf den Ruinen in Frankreich und Israel, schloß ich mich manchmal dem einen oder anderen an; wir gingen einige Schritte gemeinsam auf unserem Weg. Doch nie mehr werde ich die Intensität und das Brennen der schicksalsschweren Ereignisse erfahren, die den Beginn meines Lebens geprägt haben.

Ich bin älter geworden und kenne heute den Wert der Worte und die Bedeutung der Hoffnung. Alle Wege führen zum Menschen, er irrt weiter von einer Wüste zur anderen. Und die Quelle, die Fata Morgana der Morgendämmerung, ist in immer unzugänglichere Fernen entrückt. Wer vorgibt, den Schritt und den Herzschlag des Messias zu hören, der vernimmt nur die erstickten Schritte und Schreie meiner Freunde, die das Land meiner Kindheit verlassen haben, das Land, wo sie kauernd das unersättliche Tier erwartete, das unsere Toten mit Haut und Seele frißt.

Vergeblich, den Weg zurückzugehen und der Spur des Waisenkindes bis in die Wohnung meines ersten Lehrers zu folgen. Ich kenne bereits das Alphabet.

Jom Kippur, Tag ohne Versöhnung

Erloschenen Blickes grub Pinhas die Erde auf; seine zu einem schmerzhaften Lächeln verzogenen Lippen bewegten sich lautlos. Er schien ein Streitgespräch mit jemand in ihm selbst zu führen, bald würde er – sein Ausdruck zeigte es an – sich für besiegt erklären müssen.

Ich hatte ihn niemals so niedergeschlagen gesehen. Sein Körper würde nicht mehr lange durchhalten, ich wußte es. Schon verließen ihn die Kräfte, seine Bewegungen wurden langsamer und verworren. Zweifellos wußte er das auch. Selten sprachen wir vom Tod, wir zogen es vor, seine Gegenwärtigkeit zu leugnen und ihn wie früher auf eine einfache Anspielung, auf etwas Abstraktes, etwas Harmloses, auf ein Wort wie die anderen zurückzuführen.

„Woran denkst du? Was stimmt nicht?"

Pinhas senkte den Kopf, als wollte er mir seine Verlegenheit oder seine Traurigkeit oder beides zugleich verbergen und ließ einen langen Augenblick verstreichen, bevor er mit kaum vernehmbarer Stimme antwortete:

„Morgen ist *Jom Kippur.*"

Schlagartig fühlte auch ich mich niedergeschlagen. Mein erster *Jom Kippur* im Lager. Vielleicht der letzte. Tag des Urteils, Tag der Vergebung. Morgen wird das himmlische Tribunal tagen und den Richtspruch verkünden: „Wie die Herde werden die Menschen dieser Welt vor Dir einhergehen." Früher – vergangenes Jahr noch – zitterte ich vor der Ankunft dieses Tages der Tränen, der Strafe und der Angst. Morgen werden wir vor Gott treten, der alles hört und alles sieht, ihm sagen: „Vater, habe Erbarmen mit Deinen Söhnen." Würde ich wieder fähig sein, inbrünstig zu beten? Pinhas schüttelte sich plötzlich. Sein Blick senkte sich in meinen:

„Morgen ist der Tag der großen Versöhnung, und ich habe eben eine Entscheidung getroffen: ich werde nicht fasten. Hörst du? Ich werde nicht fasten."

Ich verlangte keine Erklärung von ihm. Ich wußte, er würde sterben, und ich fürchtete, daß er sich nicht rechtfertigen würde, sondern behaupten könnte: „Ganz einfach – ich habe mich entschlossen, das Gesetz nicht mehr zu befolgen und nicht mehr zu fasten, weil ich in den Augen der Menschen und Gottes bereits tot bin und weil die Toten die Gebote der Thora nicht übertreten können." Ich senkte den Kopf und wollte an nichts denken als an den Boden, den ich unter einem Himmel aufgrub, der noch dunkler war als die Erde.

Wir gehörten zum gleichen Kommando und konnten es einrichten, nebeneinander zu arbeiten. Der Altersunterschied hinderte ihn nicht, mir ein Freund zu sein. Er mußte die Vierzig überschritten haben. Ich war fünfzehn Jahre alt. Vor dem Krieg war er *Rosch-Jeschiwa* gewesen, Leiter einer Rabbinerschule irgendwo in Galizien. Um den Hunger zu täuschen und unsere Verzweiflung zu vergessen, studierten wir oft aus dem Gedächtnis eine Seite des Talmud. Ich lebte ein zweitesmal meine Kindheit, indem ich mich zwang, nicht an die Toten zu denken. Gefiel ihm einer meiner Gedanken, zitierte ich einen Kommentar richtig, kam es vor, daß er mir zulächelte und sagte:

„Ich hätte dich gerne als Schüler gehabt."

Ich antwortete:

„Aber ich bin dein Schüler, der Ort zählt nicht."

Das war falsch: der Ort war von tragender Bedeutung. Nach den Gesetzen des Lagers war ich ihm gleichgestellt, ich duzte ihn. Jede andere Sprache wäre mit den Umständen unvereinbar gewesen.

„Hörst du mich?" schrie Pinhas in herausforderndem Ton. „Ich werde nicht fasten!"

„Ich verstehe dich. Du hast recht. Man muß nicht fasten.

Nicht in Auschwitz. Hier leben wir außerhalb der Zeit und außerhalb der Sünde. *Jom Kippur* ist in Auschwitz nicht verpflichtend."

Seit *Rosch Haschana,* dem Neujahrsfest, ist diese Frage überall im Lager hart und nachdrücklich diskutiert worden. Fasten hieße schnellerer Tod. Hier fasteten wir das ganze Jahr, hier war das ganze Jahr *Jom Kippur.* Und das Buch des Lebens und des Todes befand sich nicht mehr in Gottes Händen, sondern in den Händen des Henkers. Die Worte *Mi jichje umi jamut,* wer leben und wer sterben wird, hatten hier eine schrecklich reale und unmittelbare Bedeutung angenommen. Alle Gebete der Welt konnten nicht den *Gzar din,* den unerbittlichen Lauf des Schicksals ändern. Um hier zu leben, mußte man essen, nicht beten.

„Du hast recht, Pinhas", sagte ich und bemühte mich, seinem Blick standzuhalten. „Du *mußt* morgen essen. Du bist länger hier als ich, länger als viele andere. Du brauchst deine Kräfte. Du mußt dich bewegen, dich überwachen, dich schützen. Man darf die Grenzen nicht überschreiten und das Unglück nicht versuchen. Das wäre eine Sünde."

Ich – sein Schüler? Ich unterrichtete ihn und gab ihm Ratschläge, als wäre ich der ältere, sein Führer.

„Darum handelt es sich nicht", Pinhas' Nerven waren zum Zerreißen gespannt. „Ich könnte den ganzen Tag ohne einen Bissen durchhalten. Es wäre nicht das erste Mal."

„Worum geht es dann?"

„Um eine Entscheidung. Bis jetzt habe ich alles hingenommen, ohne Erbitterung, ohne Hintergedanken. Ich sagte mir: ‚Gott weiß, was er tut', und unterwarf mich seinem Willen. Weiß er, was er tut, ist es schlimm, genauso schlimm, wenn er nicht weiß, was er tut. Daher habe ich mich entschieden, ihm zu sagen: ‚Ich gehe nicht weiter.'"

Ich schwieg. Was konnte ich ihm schon entgegnen? Ich durchlief die gleiche Krise. Jeden Tag entfernte ich mich etwas weiter vom Gott meiner Kindheit. Er wurde mir fremd, manchmal hielt ich ihn für meinen Feind.

Das Erscheinen Edeks beendete unser Gespräch. Er war unser Herr, unser König: der Kapo. Dieser junge Pole mit den roten Backen und den Bewegungen eines wilden Tieres liebte es, seine Sklaven zu überraschen und vor Angst aufheulen zu lassen. Selbst ein Jüngling, machte es ihm Spaß, über die Erwachsenen solche Macht zu haben. Wir fürchteten seine Launen und jähen Zornesausbrüche: den Mund geschlossen, mit halbgesenkten Wimpern schlug er noch lange auf sein Opfer ein, das bereits ohnmächtig und dessen Stöhnen verstummt war.

Mit verschränkten Armen pflanzte er sich vor uns auf: „Man macht Siesta? Man tauscht Erinnerungen aus? Glaubt ihr, ihr seid in den Sommerferien? Oder in der Synagoge?"

Eine grausame Flamme erleuchtete seine blauen Augen. Sogleich erlosch sie wieder: eine Fehlgeburt des Zorns. Ungestüm handhabten wir die Schaufel und dachten an nichts anderes als an die Erde, die sich drohend vor uns öffnete. Edek bedachte uns noch mit einigen Flüchen und entfernte sich wieder.

Pinhas hatte keine Lust mehr zu reden. Für ihn waren die Würfel gefallen. Der Bruch mit Gott schien vollzogen.

Mittlerweile gewann der Graben unter unseren Füßen an Breite und Tiefe. Ich empfand das eigenartige Gefühl, ein Grab zu schaufeln. Für wen? Für Pinhas? Für mich selbst? Vielleicht für unsere Erinnerungen.

Zurück im Lager, bemerkte ich die fiebrige Erwartung: man bereitete sich vor, den heiligsten und längsten Tag des Jahres zu empfangen. Meine Bettnachbarn, Vater und Sohn, unterhielten sich mit gedämpfter Stimme. Der eine sagte: „Vorausgesetzt, daß der Appell nicht zu lange dauert." Der andere: „Wenn die Suppe vor Sonnenuntergang ausgeteilt ist ..."

Ihre Wünsche wurden erfüllt. Der Appell ging ohne Zwischenfälle, ohne Verspätung und ohne öffentliche Hinrichtung vorüber. Eilig teilte der Blockvorsteher die Suppe aus, eilig schlang ich sie hinunter. Ich wusch mich, reinigte mich. Als sich der Tag neigte, war ich bereit.

Zehn Tage zuvor, am Vorabend des *Rosch Haschana,* hatten sich sämtliche Juden des Lagers, auch die Kapos, auf dem Appell-Platz versammelt und den Gott Abrahams, Isaaks und

Jakobs flehend angerufen, die Seiten zu wechseln und seinen Pakt mit dem Feind zu lösen. Gemeinsam hatten wir für die Toten und Lebenden den Kaddisch aufgesagt. Als belustigte Zuschauer, das Maschinengewehr in der Faust, standen Offiziere und Soldaten auf der anderen Seite des Stacheldrahtes.

Wir kehrten nicht zurück, um das Gebet *Kol Nidre* aufzusagen. Wir befürchteten eine „Selektion": in den vergangenen Jahren hatte sie den Tag der Vergebung in einen Tag der Trauer verwandelt. *Jom Kippur* ist zum *Tischa be'Aw* geworden, zum Tag der Zerstörung des Tempels.

Daher beherbergte jede Baracke ihre eigene Synagoge. Das war vorsichtiger. Ich bedauerte es, denn Pinhas war in einem anderen Block.

Ein ungarischer Rabbi war unser Vorsänger. Seine Stimme weckte meine Erinnerungen und ließ jene alte Legende wieder entstehen, nach der am Abend des *Jom Kippur* sich die Toten aus ihren Gräbern erheben, um mit den Lebenden zu beten. Ich dachte: „Es stimmt also, so geschieht das: in Auschwitz wurde diese Legende bestätigt."

Seit Wochen hatten sich in unserem Block mehrere gelehrte Juden getroffen, um auf Toilettenpapier die Gebete für die Hohen Feste niederzuschreiben. Jeder Vorsänger erhielt eine Kopie. Der unsere las mit lauter Stimme, und wir sprachen ihm jeden Vers nach. Der Gesang des *Kol Nidre,* der uns von allen Zwangsvorstellungen befreien sollte, erschien mir nun anachronistisch und absurd, obwohl er Jahrhunderte zuvor, unter ähnlichen Umständen, verfaßt wurde: in Spanien, im Schatten der Scheiterhaufen. Einmal im Jahr versammelten sich die Konvertiten und riefen vor Gott aus: „So wisse, alles, was wir gesagt haben, ist ungesagt, alles, was wir getan haben, ist ungetan." *Kol Nidre?* Ein trauriger Scherz. Hier und jetzt gibt es keine geheimen Wünsche mehr zu formulieren oder zu verleugnen: alles ist klar und unwiderruflich.

Und jetzt die große Beichte. Auch hier klang alles falsch, nichts betraf uns. *Aschammu,* wir haben gesündigt. *Bagadnu,* wir haben verraten. *Gazalnu,* wir haben gestohlen. Wir? *Wir* haben gesündigt? Gegen wen? Durch was? *Wir* haben verraten? Seit Gott über seine Schöpfung das Urteil sprach, geschah es sicher zum ersten Mal, daß sich die Opfer auf die Brust schlugen und sich der Verbrechen ihrer Henker beschuldigten.

Warum haben wir Sünden und Vergehen auf uns genommen, die zu begehen niemand unter uns je den Drang noch die Möglichkeit gehabt hätte? Fühlten wir uns trotz allem schuldig? Das war einfacher. Besser zu glauben, daß unsere Strafen einen Sinn, wir sie also verdient hatten. An den grausamen, aber gerechten Gott zu glauben war besser, als an nichts zu glauben. Um keinen offenen Krieg zwischen Gott und seinem Volk auszulösen, haben wir die Wahl getroffen, Ihn zu schonen; und wir riefen Ihm zu: „Du bist unser Herr, gesegnet seist Du! Gnadenlos schlägst Du uns, Du vergießt unser Blut, dafür preisen wir Dich, o Ewiger, denn Du zeigst uns, daß Du gerecht bist und Dein Name Gerechtigkeit heißt."

Ich gestehe, meine Stimme mit den anderen Stimmen vereint und den Himmel um Gnade und Vergebung angefleht zu haben. Im Widerspruch zu allem, was meine Lippen hervorstießen, beschuldigte ich mich nur, um alles um so besser der Lächerlichkeit, der Farce überantworten zu können. Jeden Augenblick erwartete ich, daß mich der Herr des Weltalls mit Schweigen schlagen und sagen würde: „Das genügt, du übertreibst." Ich male mir aus, wie ich ihm geantwortet hätte: „Du auch, gesegnet seist Du, Du auch."

Die Lagerglocke löste unsere Versammlung auf. Die Blockältesten brüllten: „Alles klar, schlafen gehen! Wenn euch Gott nicht gehört hat, ist er unfähig zu hören!"

Am nächsten Tag bei der Arbeit schloß sich Pinhas einer anderen Gruppe an. Ich dachte: „Damit er essen kann, ohne daß ihn meine Anwesenheit stört." Am folgenden Tag kam er wieder. Sein Gesicht war noch bleicher, noch ausgehöhlter. Der Tod stand hinter ihm. Ich überraschte mich bei dem Gedanken: „Er wird sterben, weil er die Gebote von *Jom Kippur* nicht eingehalten hat."

Einige Stunden lang bearbeiteten wir die Erde, ohne uns anzusehen. Von weitem waren die Schreie des Kapos zu hören, der auf und ab ging und unablässig auf die Menge einschlug. Gegen Ende des Nachmittags wandte sich Pinhas zu mir:

„Ich muß dir ein Geständnis machen."

Ich erbebte, schaufelte aber weiter. Ein eigenartiges, fast kindliches Lächeln erschien auf seinen Lippen:

„Ich habe gefastet."

Ich schwieg, meine Verblüffung amüsierte ihn:

„Ja, ich habe gefastet wie die andern. Aber nicht aus den gleichen Gründen. Nicht aus Unterwerfung, sondern aus Herausforderung. Siehst du, vor dem Krieg erhoben sich manche Juden gegen den Willen Gottes und gingen am Tag der großen Vergebung ins Wirtshaus; hier können wir unseren entrüsteten Protest laut werden lassen, indem wir das Fasten einhalten. Ja, mein Schüler und Lehrer, wisse, daß ich gefastet habe. Nicht aus Liebe zu Gott, sondern wider Gott."

Einige Wochen später verließ er mich: ein Opfer der ersten „Selektion". Er schüttelte mir die Hand:

„Ich hätte anders und anderswo sterben mögen. Immer habe ich gehofft, aus meinem Tod und aus meinem Leben einen Akt des Glaubens machen zu können. Schade. Gott hindert mich, meinen Traum zu verwirklichen, Gott liebt die Träume nicht mehr."

Dennoch bat er mich, nach seinem Tod – er mußte sich nach seiner Berechnung drei Tage nach Verlassen des Lagers einstellen – den Kaddisch aufzusagen.

„Aber warum denn?" begehrte ich auf. „Weil du nicht mehr daran glaubst?"

Im gleichen Ton, in dem er mir eine Talmudstelle erklärte, sagte er:

„Du begreifst das wahre Problem nicht. Um gegen Seinen Willen etwas zu fordern, gibt es hier nur ein Mittel: Ihn loben." Und lachend ging er in den Tod.

Eine alte Bekanntschaft

Ein Sommerabend in Tel Aviv. Im Autobus steht eine drükkende Hitze, die in den Körper eindringt, jede Bewegung und das Atmen erschwert, die alle Bilder auflöst. Atmen und Sehen erfordern eine Anstrengung, die man nur widerwillig aufbringt.

Es geht kaum vorwärts. Je näher wir den Boulevard Allenbey, die Hauptschlagader, entlang zum Zentrum kommen, desto dichter und stockender wird der Verkehr. Die Reisenden, an diese Kalamitäten gewöhnt, geben sich gelassen: die einen lesen Zeitung, andere plaudern oder betrachten aufmerksam die Werbeplakate: Weine, Rasiercremen, Zigaretten. Der Chauffeur pfeift den neuesten Erfolgsschlager. Ich nehme mir vor, an der nächsten Haltestelle auszusteigen, da ich verabredet bin. Zu Fuß werde ich schneller ankommen.

Doch es ist lange bis zur nächsten Haltestelle. Wir scheinen uns nicht von der Stelle zu rühren. Eine Stockung nach der anderen, als ob drei Reihen von Fahrzeugen Panne hätten. Ich möchte aussteigen: „Es ist untersagt, die Türen vor dem Anhalten des Omnibusses zu öffnen." Sinnlos zu protestieren; die Nerven des Chauffeurs halten jede Belastung aus, doch meine nicht. Gereizt mache ich mir Vorwürfe, das nicht vorausgesehen zu haben; ich hätte nicht den Omnibus nehmen dürfen, das war ein Fehler. Wenn man bedenkt, daß wir im Lande der Propheten sind ...

Um mir die Zeit zu vertreiben, gebe ich mich meinem Lieblingsspiel hin: ich wähle zufällig eine Person aus, mit der ich einen stummen Gedankenaustausch aufnehme. Auf der Bank gegenüber sitzt ein Mann mittleren Alters, der abwesend in das Leere blickt. Ich mustere ihn von Kopf bis Fuß. Ein Büroangestellter, Regierungsbeamter oder Werkmeister. Ein anonymer Typ, der Extreme meidet und der Verantwortung aus dem Weg geht. Er nimmt nur Befehle entgegen, um sie weiterzuleiten. Sauber, pünktlich, wirksam: er steht weder auf den obersten noch auf den untersten Sprossen der gesellschaftlichen Leiter, er ist weder reich noch arm, weder glücklich noch unglücklich. Er verdient seinen Lebensunterhalt, und er verteidigt sich gegen alles auf der Welt.

Schließlich versetze ich mich in ihn: *ich* denke und träume an seiner Stelle. *Mich* wird seine Frau liebevoll oder mißmutig empfangen, *ich* werde meinen Verdruß im Schlaf oder einsamer Trunkenheit ertränken; *mich* werden meine Kollegen verraten, *mich* werden meine Untergebenen hassen; *ich* habe *mein* Leben verpfuscht, und jetzt ist es zu spät, um von neuem zu beginnen. Der in mein Spiel einbezogene Reisende schien mir plötzlich vertraut zu sein: ich habe diesen kahlen Kopf, das harte Kinn und die scharfe Nase schon gesehen. Diese gefurchte Stirn und die abstehenden Ohren sind mir bekannt. Als sich der Reisende umdreht, um einen Blick nach außen zu werfen, bemerke ich seinen Nacken: rot, nackt und gewaltig. *Den* Nacken habe ich bereits gesehen. Ein Schauder durchläuft mich. Das ist keine Neugier mehr, kein Spiel. Die Zeit verändert ihren Rhythmus und ihr Vaterland. Die Gegenwart ist im Griff der vergrabenen, vernebelten Jahre. Mit einemmal bin ich froh, daß ich die Verabredung für heute abend getroffen und den Gedanken, mit dem Taxi hinzufahren, verworfen habe.

Der Biedermann ahnt nichts. Er hat seine Anonymität verloren und sein Gefängnis wieder errichtet, nur weiß er es noch nicht. Jetzt halte ich ihn fest, ich lasse nicht mehr locker. An was denkt er? Wahrscheinlich an nichts; Denken flößt ihm Angst ein. Das Sprechen versetzt ihn in Angst; bei Erinnerungen und Worten überwältigt ihn die Angst: sie steht auf seinem glanzlosen Gesicht geschrieben. Ich ordne den Reisenden ein, ich kenne ihn. Diese Art der Verteidigung habe ich einst selbst angewandt. Den Henker nicht zu sehen, war das beste Mittel, seine Aufmerksamkeit nicht zu erwecken. Um unbemerkt zu bleiben, muß man die Einbildungskraft abtöten, sich auflösen, mit der verängstigten Masse verschmelzen und sich auf den Zustand eines Objekts zurückführen. Der Biedermann bemerkt noch immer nicht das Interesse, das ich ihm entgegenbringe, und wären wir hundert, die ihn bewachten, ihm würde nichts auffallen.

Ich stehe auf und stelle mich vor ihn. Ich streife ihn, meine Knie berühren die seinen, doch sein Blick bleibt fest. Ich sage sehr leise: „Ich glaube Sie zu kennen."

Er hat es nicht gehört. Er spielt den Stummen, den Blinden, den Toten, so, wie ich es einst tat. Er flüchtet sich in die Abwesenheit, doch ich hetze ihn. Als ich meine Worte wiederhole, gibt er langsam und vorsichtig ein Lebenszeichen von sich. Er blickt mit müden Augen zu mir auf:

„Sprechen Sie mit mir?"

„Mit Ihnen."

„Sie sagten?"

„Ich glaube, daß ich Ihnen schon irgendwo begegnet bin."

Er zuckte die Schultern:

„Sie täuschen sich, ich kenne Sie nicht."

Der Autobus ruckt vorwärts, um gleich wieder zu halten. Ich beuge mich über den Reisenden, der vorgibt, mich nicht zu kennen, als ob für ihn das Kapitel abgeschlossen sei. Ich bewundere ihn: er spielt gut, er verzieht keine Miene. Wir sind einander so nahe, daß sich unsere Atem vermischen, ein Schweißtropfen von meiner Stirn fällt auf sein Hemd. Noch immer reagiert er nicht. Auch wenn ich ihn ohrfeigte, würde er nichts sagen: eine Frage der Gewohnheit und der Disziplin. Die Regel lautet: den Schmerz verbergen, denn er besänftigt nicht, sondern erregt den Henker. Bei mir wird ihm das nichts helfen: ich bin vom Fach.

„Sie sind nicht von hier", sage ich.

„Lassen Sie mich in Ruhe."

„Sie kommen woanders her: von Europa."

„Sie langweilen mich. Ich wäre Ihnen dankbar, wenn Sie mich nicht mehr belästigen würden."

„Sie interessieren mich eben."

„Pech für Sie, denn Sie interessieren mich überhaupt nicht. Ich habe weder Lust, mit Ihnen zu sprechen noch Ihnen zuzuhören. Gehen Sie wieder auf Ihren Platz, oder ich werde ärgerlich, verstehen Sie mich? Los, ziehen Sie ab!"

Der Klang seiner Stimme läßt mich auffahren, und für eine Sekunde kreuzen sich unsere Blicke. Das genügt: ich sehe mich wieder, wie ich vor zwanzig Jahren mit einer Blechschüssel in der Hand vor diesem allmächtigen Herren stand, der an eine Meute ausgehungerter Leichname die Abendsuppe verteilte. Meine Demütigung weicht finsterer Freude, ich kann mich nur mühsam im Zaum halten. Nach dem Talmud begegnen sich nur die Gebirge niemals; für die Menschen, die sie erklettern, ist kein Kreis geschlossen, keine Erfahrung ist einmalig, kein Vergessen ist endgültig.

„Ich habe Ihnen einige Fragen zu stellen", fahre ich fort.

„Ich pfeife auf Sie und Ihre Fragen."

„Wo waren Sie während des Krieges?"

„Das geht Sie nichts an."

„In Europa, nicht wahr?"

„Sie öden mich an."

„Vielleicht in Deutschland?"

Endlich hält der Autobus. Mein Biedermann ergreift die Gelegenheit: mit einem Satz springt er auf und stürzt sich zum Ausgang; ich folge ihm:

„Wie eigenartig! Wir steigen an der gleichen Haltestelle aus."

Er tritt schnell zurück, um mich vorbeizulassen.

„Ich habe mich getäuscht, ich muß noch weiter."

Ich mache eine Bewegung, als wollte ich den Fuß auf die Straße schwingen, und steige sogleich wieder ein.

„Wie eigenartig! Auch ich muß noch weiter."

Wir bleiben in der Nähe der Tür stehen, zwei Frauen haben unsere Plätze eingenommen.

„Erlauben Sie mir, unsere Unterhaltung fortzusetzen?"

„Ich weiß nicht, wer Sie sind und was Sie mir anhaben können", sagte er durch die Zähne. „Ich begreife nichts von Ihren

Fragen, ich weiß nicht, was Sie spielen, aber ich will nicht mitspielen. Sie machen mir keinen Spaß."

„Daß Sie sich nicht an mich erinnern, ist normal. Ich habe mich verändert, ich bin gewachsen, ich habe zugenommen, ich bin besser gekleidet, ich halte mich gut, ich gehe ohne Angst zusammenzubrechen, ich habe Brot und Freunde. Aber Sie? Geht es Ihnen gut? Antworten Sie, das interessiert mich. Sagen Sie: leiden Sie nicht an Schlaflosigkeit, an morgendlichen Angstzuständen?"

Wieder flüchtet er sich hinter eine Maske der Gleichgültigkeit, in einen Zustand des Nicht-Seins. Er fühlt sich so in Sicherheit, unangreifbar. Aber ich verfolge ihn unermüdlich:

„Machen wir weiter! Einverstanden? Wir haben Ihren Wohnsitz während des Krieges lokalisiert: irgendwo in Deutschland. Wo genau? In einem Lager. Natürlich, mit anderen Juden. Sie sind doch Jude, nicht wahr?"

Unwirsch antwortet er mir aus den Winkeln seiner schmalen, fast nicht vorhandenen Lippen; noch immer klingt seine Stimme fest:

„Scheren Sie sich zum Teufel, und halten Sie den Mund. Meine Geduld hat Grenzen. Ich will keinen Skandal provozieren, wenn Sie mich aber dazu zwingen ..."

Ich gehe nicht einmal auf seine Drohung ein, da ich weiß, daß er nichts unternehmen und seine Fäuste nicht gebrauchen wird, daß er keine Anzeige erstatten wird – er nicht, nicht hier, nicht in der Öffentlichkeit: mehr als mich fürchtet er das Eingreifen der Polizei. Ich lass' mich nicht irremachen:

„In welchem Lager waren Sie? So helfen Sie mir darauf, es ist wichtig. Also: Buchenwald? Nein. Maidanek? Auch nicht. Bergen-Belsen? Treblinka? Ponar? Nein, nein. Auschwitz? Ja? Ja. Auschwitz. Genauer in einem Nebenlager von Auschwitz. Javischowitz? Gleiwitz? Monowitz? Ja, das ist es, wir haben es getroffen: Monowitz-Buna. Täusche ich mich vielleicht?" Er spielt gut, er kennt seine Lektion von Grund auf. Kein Zittern, nicht die geringste Regung. Als ob ich nicht zu ihm spräche, als wären meine Fragen an jemanden anders, der seit langem tot ist, gerichtet. Doch seine Anstrengungen, sich nicht zu verraten, werden sichtbar: er hat seine Hände nicht unter Kontrolle, er verknotet und entschlingt sie, die Finger krümmen sich, schließlich verschränkt er die Arme hinter dem Rücken.

„Gehen wir zu konkreteren Fragen über. Was machten Sie dort? Sie waren kein gewöhnlicher Deportierter, Sie nicht. Sie gehörten zu denen, die Hunger, Müdigkeit und Krankheit nicht kannten. Sie gehörten nicht zu denen, die auf den Tod warteten, die wünschten, daß er nicht zu spät komme, damit sie wie Menschen aus dem Leben gehen konnten und nicht wie Tiere, von denen niemand etwas will – von denen selbst der Tod nichts mehr will. Sie waren der Barackenälteste, Sie hatten die Gewalt über Leben und Tod von Hunderten menschlicher Wesen, die Sie nicht anzusehen wagten, wenn Sie genüßlich Ihre Sonderrationen verzehrten; eine Sünde, ein Majestätsverbrechen war es, Sie bei Ihren Mahlzeiten zu überraschen. Und heute? Sagen Sie, essen Sie gut? Mit Appetit?"

Mit der Zungenspitze feuchtet er sich die Lippen an. Unvernehmbar entringt sich ihm ein Seufzer. Es kostet ihn doppelte Kraft, nicht zu antworten und seine herausfordernde Haltung wieder einzunehmen. Seine Muskeln schwellen an; lange wird er nicht mehr durchhalten. Die Schlinge um ihn zieht sich zusammen – er beginnt zu verstehen.

„Die Nummer der Baracke? Der Sitz Ihres Königreiches? Erinnern Sie sich? 57, Baracke 57. Sie stand in der Mitte des Lagers, zwei Schritte vom Galgen entfernt. Ich habe ein gutes Gedächtnis, nicht? Und Sie? Lebt Ihr Gedächtnis? Oder hat es uns ein zweites Mal begraben?"

Der Schaffner ruft eine Haltestelle aus. Der Barackenchef rührt sich nicht: ihm scheint alles gleichgültig zu sein. Die Türe öffnet sich, ein Pärchen steigt aus, eine junge Mutter, die ihren kleinen Jungen vor sich herschubst, kommt herein. Der Chauffeur ruft ihr zu: „He, gnädige Frau, Sie schulden mir den Fahrpreis und ein Lächeln!" Sie gibt ihm beides. Wir fahren wieder. Mein Gefangener achtet nicht mehr darauf: er hat den Kontakt mit der Wirklichkeit verloren. Draußen liegt die

Stadt: so nahe und so unwirklich; die Stadt mit ihren Lichtern und Geräuschen, ihrem Lachen, ihrer Freude, ihrem Haß, ihrem Zorn und ihren belanglosen Zänkereien. Draußen ist die Freiheit, das Vergessen – vielleicht gar die Vergebung. Der Gefangene könnte an der nächsten Haltestelle die Flucht ergreifen. Ich bin überzeugt, er wird es nicht tun. Er läßt lieber mich handeln, ich soll für ihn entscheiden. Ich weiß, was er empfindet: Angst, Resignation und Erleichterung durchdringen sich. Auch er ist wieder eingegangen in die Welt der Stacheldrähte: wie einst fürchtet er nur das Unbekannte. Hier im Autobus weiß er, woher ihm Gefahr droht, und das beruhigt ihn: er kennt mein Gesicht, meine Stimme. Einen Bruch zu provozieren hieße eine Gefahr wählen, deren Natur und verschiedene Aspekte sich seinem Wissen entziehen. Im Lager fanden wir uns so mit einer gegebenen Situation ab, und so lange wie möglich taten wir alles, um die Lage nicht zu verändern. Wir fürchteten Umwälzungen und Überraschungen. Der Angeklagte weiß, wie er sich bei mir verhalten muß: ohne Haß, fast ohne Zorn spreche ich zu ihm. Die zusammengerotteten Passanten auf der Straße würden weniger Verständnis aufbringen. Das Land ist mit ehemaligen Deportierten überfüllt, die die Vernunft ablehnen.

„Sehen Sie mich an: erinnern Sie sich an mich?"

Er antwortet nicht. Unempfindlich und starr blickt er über die Passagiere hinweg ins Leere, doch ich weiß, daß seine und meine Augen die gleichen abgemagerten und erschöpften Körper, den gleichen erleuchteten Hof und den gleichen Galgen sehen.

„Ich war in Ihrer Baracke. Vor Ihnen zitterte ich. Sie waren der Verbündete des Bösen, des Hungers und der Grausamkeit. Ich verwünschte Sie."

Er rührt sich noch immer nicht. Das Gesetz des Lagers: sich hinter seiner eigenen Todesmaske unsichtbar machen. Ich murmelte:

„Mein Vater befand sich auch in Ihrer Baracke. Doch er verwünschte Sie nicht."

Draußen löste sich der Verkehr auf, der Chauffeur beschleunigte die Geschwindigkeit. Bald wird er ausrufen: „Endstation. Alles aussteigen!" Ich habe meine Haltestelle überfahren. Die wichtige Verabredung ist bedeutungslos geworden. Was soll ich mit meinem Gefangenen machen? Ihn der Polizei übergeben? „Kollaboration" ist ein Verbrechen, das gesetzlich geahndet wird. Sollen andere das Verhör zu Ende führen, ich werde als Belastungszeuge aussagen. Ich habe mehreren Prozessen dieser Art beigewohnt: ein ehemaliger Kapo, ein ehemaliges Mitglied des Judenrates, ein ehemaliger Angehöriger der Ghettopolizei sind unter Anklage gestellt worden, da sie durch Feigheit überlebt haben.

Der Staatsanwalt: „Sie haben Ihr Volk verleugnet, Ihre Brüder verraten und den Feind unterstützt."

Die Verteidigung: „Man konnte das nicht voraussehen. Man glaubte Gutes zu tun, vor allem zu Beginn; man hoffte, die Leiden der Gemeinschaft lindern zu können, vor allem in den ersten Wochen. Dann war es zu spät, man hatte keine andere Wahl mehr, man konnte nicht mehr zurück, um sich als Opfer unter die Opfer einzureihen."

Der Staatsanwalt: „Im Ghetto von Krilow ernannten die Deutschen einen gewissen Ephraim zum Präsidenten des Judenrates. Eines Tages forderten sie ihn auf, die Namen von dreißig Personen, die für Zwangsarbeiten herangezogen werden sollten, auf eine Liste zu setzen. Dreißigmal schrieb er den gleichen Namen: seinen Namen. Aber *Sie* haben Ihre Seele verkauft, um Ihre Haut zu retten."

Die Verteidigung: „Beide waren sie nicht viel wert. An der Grenze richtete sie das Leiden, nicht zusammen, sondern getrennt: es gibt die Scheidung auf allen Ebenen. Der Körper und die Vernunft, das Herz und die Seele schlagen verschiedene Richtungen ein; deshalb stirbt man einen zehnfachen Tod, bevor man sich fügt oder den Pakt mit dem Teufel schließt – auch das ist eine Todesart. Daher beschwöre ich Sie: Richten Sie nicht die Toten!"

Der Staatsanwalt: „Sie vergessen die anderen, die Unschuldigen, die sich geweigert haben, den Teufelspakt zu schließen.

Wenn man die Feigen nicht richtet, gibt man Unrecht denen, die sie verlassen und manchmal geopfert haben."

Die Verteidigung: „Urteilen, ohne zu verstehen, ist Gewalt, keine Tugend. Begreifen Sie doch, daß die Angeklagten, einsamer und deshalb unglücklicher als die anderen, auch zu den Opfern zählten; mehr noch als die anderen brauchen sie Ihre Nachsicht und Ihre Großzügigkeit."

Häufig habe ich den Gerichtssaal niedergeschlagen verlassen, ich sah alles schwarz, schwankte zwischen Mitleid und Schande. Der Staatsanwalt sagte die Wahrheit, der Verteidiger auch; die Belastungs- und Entlastungszeugen hatten alle recht. Das Urteil klang gerecht, und dennoch hinterließ dieser verworrene und peinliche Prozeß eine schlagende Ungerechtigkeit, man hatte den Eindruck, daß niemand die Wahrheit gesagt hat, denn die Wahrheit war woanders, sie war bei den Toten, und wer weiß, ob nicht auch sie mit den Toten tot war? Häufig sagte ich mir: „Es ist noch ein Glück, daß ich Zeuge bin und kein Richter: Ich würde mich selbst verurteilen." Ohne mein Zutun, unerwartet, bin ich jetzt zum Richter geworden. Ich bin in der Falle: jetzt ist kein Zurück mehr möglich. Ich muß das Urteil fällen. Das Urteil wird jetzt das Gewicht eines Verdikts haben.

Der Geruch des Meeres steigt mir in die Nase, ich vernehme das Plätschern der Wellen, wir verlassen die Stadtmitte und die Lichter: wir nähern uns der Endhaltestelle. Ich muß in Eile eine Entscheidung treffen, meinem Barakkenchef den Prozeß machen. Ich schlüpfe in die verschiedenen Rollen: Zeuge, Richter und Verteidiger. Dem Gefangenen wird nur *eine* Rolle zufallen: die des Angeklagten – des Opfers? Mir ist die Vollmacht verliehen, mein Urteil wird in letzter Instanz gesprochen. Gegenüber dem Angeklagten werde ich Gott sein.

Beginnen wir am Anfang, mit den üblichen Fragen. Name, Vorname, Beruf, Alter, Wohnsitz. Der Angeklagte erkennt die Legitimität des Verfahrens und des Gerichts nicht an, er weigert sich, an der Verhandlung teilzunehmen. Also wird der Gerichtshof auf seine Antworten verzichten. Seine Verbrechen, nicht seine Person interessieren uns. Öffnen wir das Dossier, prüfen wir die gegen ihn erhobenen Beschuldigungen. Ich sehe den Tatort wieder: das immergleiche Gesicht des Schmerzes, das Pfeifen der Peitsche auf den abgezehrten Körpern. Am Abend demonstriert der von seinen kräftigen Beschützern umgebene Angeklagte seine Geschicklichkeit, zwei Dinge gleichzeitig zu tun: mit einer Hand verteilt er die Suppe, mit der anderen schlägt er in den Menschenhaufen, um für Ruhe zu sorgen. Die Tränen und das Stöhnen rühren oder verstören ihn, gleichviel, er schlägt kräftiger, um jeden Laut zu ersticken. Der Anblick der Kranken reizt seine Wut, er erahnt hier ein böses Vorzeichen für sein eigenes Schicksal. Seine Grausamkeit entlädt sich vor allem gegen Greise: „Warum klammert ihr euch an dieses schweinische Leben? Macht ein rasches Ende, dann werdet ihr nicht mehr leiden! Gebt euer Brot den Jüngeren, tut wenigstens ein gutes Werk, bevor ihr krepiert!" Eines Tages entdeckte er uns, meinen Vater und mich, in der Nähe der Baracke. Wie immer gab mir mein Vater sein halbvolles Eßgeschirr. „Ich habe keinen Hunger mehr", erläuterte er, und ich wußte, daß er log. Ich lehnte ab: „Ich auch nicht, Vater, wirklich, ich habe keinen Hunger mehr." Ich log, auch er wußte es. Der sich täglich wiederholende Wortwechsel. Da kam der Blockchef näher und wandte sich zu meinem Vater:

„Dein Sohn?"

„Ja."

„Schämst du dich nicht, ihm seine Suppe zu nehmen?"

„Aber ..."

„Schnauze! Gib ihm die Schüssel zurück, oder ich werde dir eine Lektion erteilen, die du so schnell nicht vergißt."

Damit er seine Drohung nicht wahr machte, nahm ich die Schüssel und begann zu essen. Zuerst wurde mir übel, dann spürte ich, wie sich ein wohliges Gefühl in meinem Körper ausbreitete. Ich aß langsam, um den Genuß, der stärker als meine Scham war, zu verlängern. Endlich entfernte sich der Blockchef. Ich haßte ihn, dennoch war ich insgeheim froh, daß er eingegriffen hatte. Mein Vater murmelte: „Ein guter und barmherziger Mensch.“ Er log, und ich log: „Ja, Vater, barmherzig.“

Plädieren Sie schuldig oder nicht schuldig?

Mein Vater verhehlte nicht seinen Stolz: sein Sohn gehorchte ihm. Wie früher, er war folgsamer als früher. Also lebte im Lager, mitten in diesem organisierten Wahnsinn, ein Geschöpf, das von ihm abhängig war und in dessen Augen er kein knechtischer Lump war. Er wußte nicht, daß ich nicht seinen Willen, sondern Ihren durchsetzte. Ich erkannte es, auch Sie, ich aber verdrängte den Gedanken, Sie nicht. Da ich, Ihr Sklave und Ihr Spießgeselle zugleich, Ihnen gehorchte, beschützte ich das Leben meines Vaters mit einem Hauch, mit einem Erwachen. Ich ertränkte meine Gewissensbisse in der gelbgrauen Suppe. Da Sie klüger und scharfsinniger als mein Vater waren, fühlten Sie sich nicht geschmeichelt; Sie entfernten sich, als hätten Sie begriffen, als wollten Sie sagen: „Nun ja, so ist das Leben, der Kleine wird es lernen, er wird seinen Weg machen, wer weiß, vielleicht wird er eines Tages mein Nachfolger sein.“ Und ich habe meinem Vater die Suppe nicht zurückgegeben und habe mich nicht auf Sie gestürzt, um Ihnen die Augen und die Zunge auszureißen und Ihnen den Sieg zu entwinden. Ja, ich hatte Angst und war feige. Und der Hunger hat mich gequält: darauf haben Sie gesetzt. Und Sie haben gewonnen.

Nun, Angeklagter, was haben Sie zu Ihrer Verteidigung vorzubringen?

Sie gewannen immer, und des Nachts durchzuckte mich manchmal der Gedanke, Sie seien vielleicht im Recht. Für uns waren Sie nicht nur die Peitsche oder die Axt in den Händen des Mörders. Sie waren der Fürst, der das Spiel des Todes spielt, Prophet und Sprecher des Todes. Sie allein konnten den Zorn des Henkers und das Schweigen der Erde auslegen: Sie waren der Führer; wer Ihnen folgte, blieb am Leben, die anderen kamen um. Ihre Wahrheit war die einzig gültige, die einzig mögliche, nur sie kam den Wünschen und den Plänen der Götter entgegen.

Schuldig oder nicht schuldig?

Anstatt in die Reihen der Opfer zurückzukehren, wie wir und mit uns zu leiden, anstatt tränenlos zu weinen und vor den funkensprühenden Wolken zu zittern, anstatt wie wir und mit uns, vielleicht für uns zu sterben, haben Sie die Herrschaft über die Welt der Finsternis gewählt und verkündeten jedem, der es hören wollte, daß Erbarmen verbrecherisch, daß Großmut nutzlos, verrückt und unmenschlich sei. Nach dem Appell hielten Sie einmal eine lange Rede über die Philosophie der Konzentrationslager: jeder für sich, jeder ist der Feind seines Nächsten, denn er lebt auf seine Kosten. Und zuletzt sagten Sie: „Was ich euch gesagt habe, stimmt und ist unwiderruflich, denn, der Herr ist vom Himmel herabgestiegen und hat beschlossen, sich sichtbar zu zeigen: ich bin es."

Wie plädieren Sie?

Der Richter hört die erstickten Seufzer der lebenden und toten Zeugen, er sieht, wie der Angeklagte einen Greis schlägt, der seine Mütze zu langsam gehoben hat, wie er einen anderen schlägt, weil ihm sein Gesicht nicht gefällt. „Du siehst recht gesund aus", sagt der Angeklagte und versetzt ihm einen Fausthieb in den Magen. „Und du siehst krank aus, du bist bleich": er ohrfeigt ihn. Itzik besitzt ein dickes Hemd: er nimmt es ihm. Izso hat seine alten Schuhe noch an: der Angeklagte verlangt sie. Izso ist intelligent und gibt sie ihm wortlos. Der Angeklagte nimmt sie mit verächtlichem Lächeln: seht nur diesen Dummkopf, er läßt alles mit sich machen, er verdient nicht zu leben.

Nun? Schuldig oder nicht schuldig?

Und wenn das wiederholbar wäre? Was sind Sie heute gegenüber dem, was Sie gestern waren? Berichten Sie uns von Ihrer Reue und Ihrer Sühne. Was sagen Sie zu Ihrer Frau, wenn Sie Ihnen ihren Stolz entgegenbringt, wenn Sie über die Zukunft Ihrer Kinder spricht? Was erkennen Sie in den Augen des Passanten, der Ihnen „Guten Tag" sagt, „Guten Abend" und *Schalom,* das heißt: „Friede sei mit Euch."

„Was ist denn?" ruft der Chauffeur. „Wie oft muß ich denn noch sagen, daß wir da sind!"

Er beobachtet uns im Rückspiegel. Unsere Trägheit bringt

ihn außer sich. Er dreht sich auf seinem Sitz um und wiederholt:

„Mein Wort, seid ihr denn taub! Versteht ihr nicht hebräisch?"

Mein Gefangener scheint keine Sprache zu verstehen. Er schläft, träumt, er ist an einen anderen Ort versetzt, in eine andere Zeit, an eine andere Endhaltestelle. Er wartet, daß ich den ersten Schritt mache und diesen Bannkreis durchbreche, der uns von den anderen Menschen trennt. Wie früher, wenn er vor seinem Herren stand, wird er gehorchen.

Der Chauffeur wird ärgerlich: Diese beiden stummen und unbeweglichen Schemen wollen augenscheinlich die Nacht in seinem Omnibus verbringen. Glauben die, sie seien im Hotel? Knurrend steht er auf: „Sie werden schon sehen, Sie werden schon sehen." Finsteren Blickes kommt er auf uns zu. Mein Gefangener erwartet ihn bewegungslos, teilnahmslos. Ich berühre seinen Arm:

„Kommen Sie, gehen wir."

Seine Bewegungen waren leblos wie die einer Maschine. Auf der Straße erstarrte er und wartete brav am Rand des Gehsteigs auf mich. Er hätte in eine der dunklen Gassen, die am Meer münden, entwischen können. Sein Wille ließ ihn im Stich. Er legte keinen Wert mehr darauf, die Ordnung der Dinge umzustürzen oder auf eine ungewisse Zukunft zu spekulieren. Nur nicht die Initiative ergreifen – so lautete die Goldene Regel des Lagers.

Der Autobus fuhr ab. Wir waren allein. Ich habe ihm nichts mehr zu sagen. Ein unbestimmbares, quälendes Gefühl durchdrang mich, als hätte ich eine Dummheit begangen. Mit einem Schlag wurde ich wieder schüchtern. Meine Stimme klang schwach, als ich ihn fragte:

„Erinnern Sie sich wirklich nicht an mich?"

In der Finsternis sah ich sein Gesicht nicht mehr. Ich erkannte ihn nicht mehr. Zweifel würgte mich: und wenn er es nicht war?

„Nein", sagte er nach langem Schweigen, „ich erinnere mich nicht an Sie."

Der Klang seiner Stimme erschien mir jetzt fremd. Sie war damals heiser und schneidend. Jetzt ist sie klar und menschlich.

„Und Sie selbst? Erinnern Sie sich an den, der Sie waren?"

„Das geht nur mich an."

„Nein, das geht auch mich an."

Und plötzlich war mir klar, daß man zu einem Ende kommen müsse. Aber wie? Wenn er zu winseln anfangen, sich rechtfertigen oder mich um Vergeben anflehen würde – ich hätte ihn festnehmen lassen. Auch wenn er sich darauf versteift hätte, zu leugnen. Was müßte er sagen, damit ich ihn freiließe? Keine Ahnung – er muß es wissen, nicht ich.

Plötzlich strafft er sich. Ich weiß, daß seine Augen wieder den kalten, harten Glanz angenommen haben. Endlich wird er sprechen. Wenn er sich verteidigt, wird er das Geheimnis, mit dem wir auf immer verbunden sind, erhellen. Ich weiß, daß er sprechen wird, ohne die dünne Linie seiner Lippen zu bewegen. Endlich spricht er. Nein: er schreit.

Nein: er heult auf. Ohne Vorbereitung, ohne Warnung. Er beleidigt und beschimpft mich. Nicht in hebräisch, sondern in deutsch. Er ist der Blockchef, der, die Hände auf dem Rücken verschränkt, seinem Sklaven „rät", sich schnellstens aus dem Staub zu machen, wenn er den Tag seiner Geburt nicht verfluchen wolle. Wird er mich schlagen, mir die Knochen brechen, mich in das Gras beißen lassen, wie er droht? Niemand würde mir zu Hilfe kommen: im Lager behält der Stärkste und der Brutalste recht. Ich würde dann sein Geheimnis mitnehmen. Man kann also nach Auschwitz in Auschwitz sterben?

Der Blockchef hält mir eine Ansprache wie früher, und ich höre nicht, was er sagt. Seine Stimme hüllt mich ein, ich lasse mich treiben. Ich habe keine Angst mehr: keine Angst vor dem Tod, keine Angst vor dem Töten. Es ist etwas anderes, Schlimmeres: plötzlich werde ich mir meiner Ohnmacht und Niederlage bewußt. Ich weiß, daß ich ihn in Freiheit lassen werde, doch nie werde ich wissen, ob aus Mut oder Feigheit. Nie werde ich wissen, ob ich mich vor dem Henker wie ein Richter oder wie ein Opfer verhalten habe. Doch ich werde die

Gewißheit gewonnen haben, daß der Mensch, der sich an der Realität des Bösen mißt, immer besiegt und gedemütigt sein wird. Sollte ich eines Tages auf meinem Lebensweg dem Todesengel begegnen, werde ich ihn nicht töten oder foltern, im Gegenteil, ich werde höflich, so menschlich wie möglich zu ihm sprechen und versuchen, das Böse in ihm zu erkennen.

Der Blockchef gellt Obszönitäten und Drohungen aus – ich höre ihn nicht. Ich blicke ihn ein letztes Mal an, es gelingt mir nicht, in der Nacht seine Gesichtszüge zu erfassen. Die Hände in den Taschen vergraben, drehe ich mich ab und beginne zu laufen, langsam erst, dann schneller und schneller, schließlich renne ich aus Leibeskräften. Folgt er mir?

Er ließ mich gehen. Er schenkte mir die Freiheit.

Barbara

Gerne hätte ich die Geschichte einer Frau namens Barbara erzählt. Doch ich kenne sie nicht, die Frau wollte sie mir nicht mitteilen; sie fürchtete weniger mein Urteil als die Erinnerung, die ich davon bewahrt hätte. Sie selbst verwarf ihre Geschichte, sie wollte sie aus dem Gedächtnis der anderen tilgen, auf die Gefahr, ihr eigenes Gedächtnis zu verlieren. Sie sagte: „Die Männer, diese Dummköpfe, glauben, meinen Körper kaufen zu können; ich verkaufe ihnen mein Gedächtnis."

Wie bei jedem bestand ihre Vergangenheit aus Worten und ihre Zukunft aus Bildern. Wie jeder hatte sie eine Geschichte, die sie nicht liebte, die sie mit ungezählten Unbekannten teilte, deren mürrische Gesichter und vulgäre Gesten einander folgten, ohne jemals ganz und gar zu verschwinden, wie in einem Spiegelspiel, wo sich die gleiche fremdartige Silhouette bis ins Endlose wiederholt. Es macht ihr Spaß, ihre Geschichte zu entstellen oder zu beschönigen. Sie zieht sie durch den Schmutz, schmückt sie mit Lügen. War die Entstellung ihrer Geschichte nicht die einzige Möglichkeit, sie nicht wiederzuerkennen?

Und dann? Sie wird sich eine Geschichte beschaffen, die ihr gehört, allein ihr, eine Geschichte ohne Schandfleck, die mit ihr beginnt und mit ihr endet, eine Geschichte, die noch niemand gelebt hat und die Gott noch nicht kennt. Eine Geschichte, die die Männer, diese Dummköpfe, niemals erfahren werden.

Ich war noch jung, so jung, daß ich instinktiv den Schritt beschleunigte, wenn ich auf meinen Spaziergängen in eine stickige, schlecht beleuchtete Gasse geriet, wo nächtliche Geschöpfe, an die Mauer gelehnt, in alle Ewigkeit hinein einen Freund oder Feind, niemals den gleichen, zu erwarten schienen. Man hatte das Gefühl, sie seien immer auf dem Sprung, einem in den Rücken zu fallen.

Ich machte einen Kreis um sie, ich floh sie. Sie erweckten in mir ein dumpfes Angstgefühl. Jedesmal, wenn mich ein Mädchen mit wispernder Stimme ansprach und ihren lasziven Blick in meine Augen senkte, blickte ich errötend zu Boden. Ich stotterte „Nein, danke" und war mir bewußt, eine Sünde begangen zu haben, denn „Ja, danke" hätte ich sagen müssen.

In der Bibel bedeutet *Kedoscha* „Die Heilige" und *Kedescha* „Die Prostituierte"; beide Worte haben die gleiche Wurzel. In dieser Verwandtschaft erkannte ich ein Geheimnis, das mich verstörte. Gewöhnlich fehlte es mir nicht an Mut und Geld. Ich widerstand der Versuchung und machte mir deswegen Vorwürfe.

In jener Nacht war es anders. Ich konnte nicht einschlafen und verließ das Haus, um an den Seinequais entlangzuschlendern. Mir war hundeelend. Seit Wochen schon lebte ich wie unbewußt und versank in lähmende Traurigkeit. Lesen langweilte mich, die Freunde verwirrten mich. Tatenlos lief ich den ganzen Tag durch die Straßen, fasziniert von dieser Einsamkeit, deren Anfänge ich kaum mit meinen Gedanken einkreisen konnte. Irgendwas stellte sich zwischen das Leben und mich, ich fühlte, wie sich das Leben zurückzog, und rührte keinen Finger, um es wieder mir nahezubringen: ich ließ es entfliehen. Sogar der Abgrund, der vor mir gähnte, erschien mir fremd. „Das Absurde" war ein Modewort.

Nach langen Stunden kam ich bei einem kleinen Platz in der Rue Saint-Denis, nahe den Hallen, heraus. Ein warmer Wind strich durch die Bäume. An der Ecke flanierten vier Mädchen. Ab und zu kamen sie zusammen, um einen Witz zu erzählen oder sich zu beraten, dann verstreuten sie sich wieder mit huschenden Bewegungen und lauerndem Blick. Um Kunden anzulocken, hatten sie einen hochwirksamen und erprobten strategischen Plan entworfen. Sie wirkten wie eine nächtliche Frontpatrouille, die Feindberührung sucht.

Ein Mann tauchte auf, blieb vor einem der Mädchen stehen und sprach einige Worte zu ihr; schließlich schüttelte er den Kopf und entfernte sich, bog um die Straßenecke. Der letzte Kunde. Die Nacht schritt voran, die Stadt schlief ein. „Was für ein Leben!" seufzte eine der vier.

Es dauerte länger als eine Stunde, bis sie mich bemerkten. In Ausführung einer Einkreisungsbewegung näherten sie sich aus vier verschiedenen Richtungen.

„Kommst du mit, Liebling?" fragte eine Rothaarige.

Ich blickte sie lange starr an, bevor ich mich abwesend antworten hörte:

„Nein, nicht heute abend."

„Warum nicht?" wollte ihre Freundin, eine Kleine, Wabbelige, wissen.

„Ich möchte hier bleiben."

„Ach so, dieser Schelm schaut lieber zu", ließ sich die dritte vernehmen.

Alle vier lachten prustend; ich rührte mich nicht. Ihr Lachen klang obszön. Wenn sie den Mund öffneten, war es, als ob sich auf den Hauswänden ein Spalt auftat, der breiter und breiter wurde, bis die Mauern einstürzten. Sollte ich fliehen? Nicht jetzt. Ihr Gespött betraf mich nicht: ich war nicht hier, ich war nirgends.

„Wartest du auf jemand?" fragte die Rothaarige neckend.

„Ja, auf jemand."

„Sie läßt dich warten, das ist nicht nett von ihr."

„Er ist nicht nett", sagte ich. „Er läßt gerne auf sich warten. Und ich warte gerne."

„Wir könnten dir Gesellschaft leisten", schlug die rothaarige Sprecherin der Gruppe vor. „Dazu sind wir da. Wir machen dir einen guten Preis."

„Nein, danke. Allein warte ich besser."

„Er würde sich vielleicht freuen, wenn wir bei dir wären; glaubst du nicht?"

„Nein, das glaube ich nicht."

„Sag mal, sprichst du für dich oder auch für ihn?"

„Für uns beide. Ich weiß, daß er die Einsamkeit liebt. Und das Schweigen."

„Sag, wie heißt er? Vielleicht kennen wir ihn. Weißt du, wir kennen hier ganz hübsch viel Leute, stimmt's, Mädchen? Sag uns, wie er aussieht und ob er reich ist, ob er sich vergnügen kann, welche Laster und Gewohnheiten er hat. Wir könnten einen interessanten Kunden gewinnen."

Ich zuckte die Schultern und schwieg. Ich hatte keine Lust, dieses sinnlose Spiel weiterzumachen.

„Der ist aber unhöflich", ließ sich die Rothaarige vernehmen. „Wir wollen nur sein Bestes, und er antwortet nicht mal! Du kannst ruhig sagen, auf wen du wartest: wir fressen dich nicht."

„Auf jemand", sagte ich aus den Mundwinkeln.

Ich maß sie voller Verachtung. Wieder ihr Kichern. Normalerweise hätte ich irgendeinen Ort aufgesucht, wo ich mich in die Erde eingraben, reinwaschen und bestrafen könnte. Nicht jetzt. Ich fühlte mich ruhig und unbeteiligt: nicht mich hatten sie sich vorgenommen.

Plötzlich beugte sich das vierte Mädchen, die noch kein Wort gesprochen hatte, zu mir.

„Und wenn ich dir sage, daß du auf mich wartest?" flüsterte sie, damit es die anderen nicht hören konnten.

Ihre Haare flossen den halbentblößten Rücken hinunter. Sie musterte mich kalt, mit ernstem, nachdenklichem Gesichtsausdruck. Ich roch ihren schweren, bitteren Atem. Sie hatte getrunken. Jetzt lachte ich heraus. Der Gedanke erfaßte mich wie eine Flamme: eine Frau hatte ich die ganze Zeit gesucht! Eine schamlose Frau, die sich verkauft, anstatt sich zu geben, eine Frau, für die Sein und Haben eins sind, eine Frau, die sich mit denen vereint, die sie verachten. Verständnislos beobachteten mich die Mädchen. Ich lachte, und ich erkannte mein Lachen und meine Stimme nicht wieder.

„Nun?" murmelte das Mädchen mit den langen Haaren.

„Komm, Barbara, gib's auf", sagten die anderen und zogen sie am Arm.

Für sie war das Schauspiel zu Ende.

„Laßt mich!" Barbaras Stimme klang barsch.

„Du bist doch verrückt, mein Mädchen! Siehst du denn nicht, daß der Kleine pleite ist?"

„Laßt mich!"

„Du bist ja auf den Kopf gefallen."

Ihre Kolleginnen entfernten sich, ihre Bemerkungen verloren sich in der Nacht.

„Deine Freundinnen haben recht", sagte ich nach einer Pause. „Ich habe keinen Sou."

„Ist mir völlig gleichgültig", antwortete sie eisig. „Du gefällst mir. Sie faßte mir an die Schulter und fuhr mit zärtlicherer Stimme fort:

„Du gefällst mir. Vergessen wir das übrige. Komm mit mir."

„Wohin?"

„Zu mir. Ich wohne in der Nähe. Das ist angenehmer. Komm!"

„Nein, danke."

„Hast du Angst? Bist du schüchtern? Los, gehen wir zu mir."

„Ich habe keine Angst und keine Lust heimzugehen."

Sie musterte mich aufmerksam und zog die Augenbrauen zusammen.

„Du bist Jude, nicht wahr?"

„Ja", sagte ich, keineswegs erstaunt. „Wie haben Sie es erraten?"

„Dein Akzent, deine Stimme, deine Art, nein zu sagen."

„Ich bin Jude, und das heißt, daß ich vor nichts mehr Angst habe. Die Angst quält mich nicht mehr."

Sie setzte sich neben mich, ohne die Augen von mir zu lassen. Im Dunkel wirkte ihr übertrieben geschminktes Gesicht erschreckend. Alle Demütigungen, die ihr Körper und ihre Seele erlitten hatten, drückten sich darin aus.

„Schläfst du gerne mit einer Frau?" fragte sie mit bestimmtem Ton.

„Das kommt darauf an."

„Und mit mir? Würdest du gerne mit mir schlafen?"

„Ich weiß nicht."

„Willst du es nicht versuchen, dann weißt du es!"

„Nein, danke."

„Warum nicht?"

Ich schwieg: sie fragte mich nicht, ich mußte nicht antworten. Sie nahm meine Hand, ich entzog sie ihr.

„Ekelt dir vor mir? Ist es das?"

„Nein, keinesfalls. Mir ist einfach warm."

„Mir auch. Und manchmal ekele ich mich."

Ich suchte nach Worten, doch mein Kopf war leer.

„Sprechen wir!" sagte ich.

„Über was?"

„Über Sie."

„Sag du zu mir. Alle Männer duzen mich."

Zum ersten Mal stufte man mich unter die Männer ein.

„Also gut, sprechen wir von dir."

„Was willst du hören?" In ihrer Stimme klang ein zorniger Seufzer auf. „Ich spreche nicht gerne über mich. Während sich die Männer ausziehen, wollen sie immer wissen, wer ich bin, um mich dann um so mehr zu beschmutzen. Sie wollen wissen, wen zu bespucken sie die Ehre und das Vergnügen haben. Ich antworte nicht. Ich sage nicht die Wahrheit. Sie ist schon genug beschmutzt, meine Wahrheit. Und so erfinde ich. Wir haben genügend Phantasie. Verstehst du?"

„Ich verstehe."

Ich verstand nichts, hörte nicht einmal zu, doch man durfte sie nicht verletzen. Ich schwitzte. Ich wischte mir mit dem Taschentuch die Stirn. Sie auch.

„Langweile ich dich?"

„Keineswegs."

„Sag ja."

„Keineswegs, es ist die Hitze."

„Wo war ich stehengeblieben?"

„Du sprachst über die Wahrheit."

„Ah ja, was sagte ich? Die Männer verlangen, daß ich ihnen alles erzähle, alles. Und so zimmere ich mir im Stehen schlafend eine auf Maß gefertigte Geschichte zusammen: sie würde dir das Herz brechen. Diese Dummköpfe lieben Geschichten und Bekenntnisse. In jedem steckt ein Pfarrer, der in jeder Frau eine unglückliche Hure sieht, eine Seele, die man retten, trösten und in den Schoß der Kirche zurückführen muß. Das verschafft ihnen den Luxus, als Beschützer der Witwen und Waisen edelmütig zu handeln. Deswegen kommen sie: nicht um mit uns zu schlafen – auch deshalb, natürlich –, sondern um uns ihr Mitleid und ihre preiswerte Zuneigung entgegenzubringen. ‚Meine Kleine, du hast in deiner Kindheit gelitten, schau, ich gebe dir hundert Franc mehr. Ein Geschenk, siehst du, ich bin großzügig. Doch dafür wirst du nett zu mir sein, versprichst du es, mein schönes Kind?' Schön, ich stecke das Trinkgeld ein und sage ‚Danke sehr, Monsieur, vielen Dank, mein Vater, Sie sind gut und milde, Sie haben ein Herz aus Gold, die Seele eines Heiligen, so kommen Sie, kommen Sie, legen Sie sich auf mich, ich gebe Ihnen, ich lasse Sie machen, schöpfen Sie soviel Vergnügen aus mir, wie Sie wollen und können, ich bin eine Freudenmaschine, genieren Sie sich nicht, es gibt ausreichend Vergnügen für jeden, für alle Pfarrer und Heiligen, die nach Ihnen kommen!' Das sage ich ihnen, und dabei weine ich oder schlage sie, je nach Geschmack: die einen lieben die Tränen, andere entzünden sich an meinem Rasen. Siehst du? Ich bin nicht mehr wert als hundert Franc."

Sie unterbricht sich, feuchtet die Lippen an und fragt:

„Und du? Was willst du?"

„Ich weiß nicht."

„Soll ich dir die Wahrheit erzählen?"

„Wenn du willst. Aber ich warne dich, ich kann dir nichts bieten."

Wieder ergriff sie mit Gewalt meine Hand, und diesmal ließ ich sie gewähren. Bei ihrer Berührung konnte ich erstmals an diesem Atem ein Schaudern nicht unterdrücken. Ich hatte meinen Körper wiedergefunden.

„Du gefällst mir", wiederholte sie und gab mir meine Hand zurück. „Du gefällst mir, weil du jung bist und nichts zu bieten hast, weil du Jude bist und keine Angst hast. Und weil ich dich nicht verstehe."

Sie trat etwas zurück, wie um mich besser sehen zu können:

„Ich weiß, was du denkst. Daß ich besoffen bin."

„Irrtum: ich denke an nichts."

„Unterbrich mich nicht, ich bitte dich. Du denkst an nichts, aber du denkst, ich bin besoffen, das eine schließt das andere nicht aus. Nun gut, es stimmt. Ich habe getrunken. Nicht viel. Mit drei Kunden. Luxustarif. Ich habe ihnen vorgeschlagen, daß ich meine Freundinnen einlade; sie wollten nicht: ‚Du wirst ganz allein zurechtkommen, wie eine Große.' Wir haben getrunken, wir haben uns amüsiert. Sie waren zufrieden, sie haben es mir gesagt. Sie haben die Flasche stehenlassen. Ich habe sie nicht angerührt, ich schwöre es dir, ich trinke nicht gerne, nicht allein, nicht so. Mir dreht sich der Kopf. Faß an: er dreht sich, merkst du es?"

Sie begann den Kopf zu bewegen, schneller und schneller. Mir wurde schwindlig. Ich sagte:

„Tatsächlich. Er dreht sich."

„Siehst du? Ich weiß, was ich sage. Du verstehst es nicht, weil du Jude bist: du hörst gut, aber du verstehst schlecht."

Sie fuhr sich mit der Hand vor den Mund, als wollte sie sich für eine Dummheit entschuldigen.

„Habe ich dich verärgert? Nein? Gut. Ich bitte dich um Verzeihung. Ich weiß, daß du verstehst. Ich nehme alles zurück: du bist Jude, also mußt du verstehen. Ich verstehe dich nicht. Als ich dich auf deiner Bank sitzen sah, auf der Nacht sitzen – ja, schau mich nicht so an! auf der Nacht sage ich, man kann auf der Nacht sitzen, man kann sich dort ausstrecken, man kann dort sogar wohnen –, als ich dich sah, habe ich sofort gewußt, daß du zu denen gehörst, die verstehen, zu denen, die ich nicht verstehe. Du hörst das gerne, nicht? Du bist jung, und die Jungen wollen, daß man ihnen das sagt. Also gut, ich werde dir die Freude machen und feierlich erklären, daß ich dich nicht verstehe. Bist du zufrieden? Übrigens gut, daß es so ist. Ich würde gerne niemals verstehen. Das kommt so selten vor. Meistens verstehe ich nur zu gut und zu schnell. Was willst du? Ich werde dafür bezahlt. Ich lauere ihnen am Ende ihrer kleinen Rechnungen auf und sage mir: ‚Los, meine Gute, spiele deine kleine Szene, ich weiß vor dir und besser als du, worauf du hinauswillst.' Bah, sie glauben, mich zu besitzen, wenn sie über meinen Körper hinweggehen und mich mit ihrem Ekel erfüllen; in Wahrheit besitze ich sie, denn ich bin nicht dumm, ich bin unfehlbar, ich sehe durch sie hindurch und spucke auf sie."

Barbara erzählte mir ihr Leben, ich dachte an meines, an unser aller Existenz, die eine einzige Geste, ein einziges Ereignis für immer verunstalten und erniedrigen kann. Ein Wort, das man sagt oder falsch sagt oder auch nicht sagt; einen Zug, den man versäumt; eine Hand, die man ergreift oder zurückweist: das Leben ist nicht mehr, was es hätte sein können. Die Freiheit? Ein Scherz. Die Zukunft ist nur das Produkt der Vergangenheit, unserer Reichweite entzogen, eine Gottheit, von uns und gegen uns geschaffen. Was getan ist, ist getan, man kehrt nicht zurück, man wählt sich nicht von neuem. So versetzen ein Ja oder ein Nein, jedes Ja und jedes Nein, das Sein jenseits der Gegenwart. Hier liegt das Mißverständnis, hier liegt die fundamentale Ungerechtigkeit: man findet sich mit Situationen ab oder nicht, die sich erst später, wenn es zu spät sein wird, einstellen.

Barbara schwieg bereits längere Zeit. Ich hätte etwas sagen sollen. Sie legte mein Schweigen falsch aus:

„Du sagst nichts. Hast du mir nur zugehört?"

„Ja und nein."

„Hast du nichts zu sagen?"

„Nichts."

„Und doch habe ich dir die idiotische Geschichte erzählt, die ich mein Leben nenne. Keine Fragen? Keinen Kommentar?"

„Nein."

„Gut, um so besser. Ich bitte dich um einen Gefallen."

„Der wäre?"

„Vergiß meine Geschichte. Sofort. Ich will sie auch vergessen. Versprichst du es?"

„Sicher, versprochen!"

Sie versuchte mich zu küssen; ich schob sie sachte weg: „Es ist zu heiß."

Sie wischte mir mit ihrem Taschentuch über die Stirn:

„Willst du nun mit mir sprechen? Wir können auch zuhören, du weißt, das gehört zu unserem Beruf."

„Nein, danke."

„Hast du Angst, daß ich dich nicht verstehe? Ist es das? Aber ich will genau das! Sag mir irgendwas, vorausgesetzt, daß ich es nicht verstehe. So gerne würde ich einmal in diesem Hurenleben nicht verstehen!"

Traurigkeit schnürte mir die Brust zusammen. Barbara nähert ihr Gesicht dem meinen, ich wich nicht zurück. Sie drückte ihre Lippen auf meine Wange, ich ließ sie gewähren. Sie roch nach Alkohol. Mir kam der Gedanke: „Die erste Frau, mit der ich über die Liebe spreche, ist eine Hure, eine Hure, die getrunken hat und die Juden liebt, weil sie sie nicht versteht." Ich verstand mich nicht.

„Du bist traurig. Ich weiß, wann ein Mann traurig ist. Komm, schlaf mit mir. Das ist noch das beste Rezept gegen Katzenjammer, das sag' ich dir. Weißt du, warum dem Mann die Traurigkeit gegeben ist? Damit Frauen wie ich nicht am Hunger krepieren."

Ich sah mich mit den Augen meiner Kindheit und sagte mir: „Nein, du wirst nicht fortgehen, du wirst nicht kneifen."

„Du kommst? Du mußt nicht sprechen und nicht zuhören. Du wirst frei sein."

Ich erhob mich überstürzt:

„Nein, danke, ich habe keine Lust."

Das war falsch und wahr zugleich: ich begehrte sie und fürchtete, daß sie es merkte.

„Willst du wirklich nicht? Du weißt nicht, was dir entgeht."

Graues Licht zerriß langsam den Nachthimmel. Die Stadt schlug ihre letzte Schlacht gegen den Raben- und Geierflug, den sie hinter den Horizont abdrängte. Bald wird es Tag werden.

Ich blickte die Frau an und reichte ihr die Hand:

„Ich muß gehen", sagte ich und verbarg meine Verwirrung.

„Viel Glück."

Zögernd nahm sie meine Hand und drückte sie:

„Auf Wiedersehen, mein kleiner Jude. Wo gehst du hin? Zu deiner Frau, zu deiner Freundin?"

„Ich habe keine."

„Zu deinen Eltern?"

„Vielleicht."

Nach einer Weile fügte ich hinzu:

„Sie sind tot."

Sie lächelte:

„Wirklich, ich verstehe dich nicht. Ich danke dir."

Jeder ging in seine Richtung, ich mit gesenktem Kopf, sie erhobenen Blickes. Nach einigen Schritten hörte ich sie mir eine letzte Botschaft zurufen:

„Ich habe etwas Wichtiges vergessen. Ich werde keine Kinder bekommen, hörst du mich? Niemals, niemals! Das ist genauso wichtig wie der Rest meiner Geschichte."

„Deine Geschichte? Welche Geschichte?"

Sie zuckte die Schultern und setzte ihren Weg im Morgennebel fort. Eine betrunkene Hure: das war Barbara. Barbara? Ist es ihr Name? Wahrscheinlich nicht. Marie, Suzanne, Blanche, Elisabeth, Emma, Marcelle. Aber nicht Barbara. Sie hat diesen Namen gewählt, um sich sagen zu können: nicht ich stehe als Dirne auf der Straße, das ist Barbara. Zu wem habe ich doch gesprochen?

Die nächsten Monate mied ich dieses Viertel. Dann überkam mich eines Nachts das Verlangen, Barbara wiederzusehen. Ich setzte mich in den kleinen Square nahe den Hallen, sitzend wartete ich stundenlang auf sie. Sie war nicht mehr da: vielleicht hatte sie die Nacht wieder aufgenommen oder ihre eigene Geschichte, die niemand erfahren wird. Ein anderes Mädchen nahm ihren Platz ein. Sie kam auf mich zu und fragte:

„Suchst du jemand?"

„Ja", sagte ich, „jemand."

„Wen?"

Ich zögerte einen Augenblick, bevor ich ihr zur Antwort gab: „Einen Propheten."

„Dann such nur mein Guter; er ist da oben, er hurt."

Testament eines Juden aus Saragossa

Der Großrabbi Israel Baal Schem Tow befahl eines Tages seinem treuen Kutscher, unverzüglich anzuspannen und ihn auf die andere Seite des Gebirges zu fahren.

„Beeile dich, mein guter Alexej, ich habe eine Verabredung."

Im dichten Wald hielten sie an. Der heilige Mann setzte einen Fuß auf die Erde, verneigte sich vor einer Eiche, sammelte sich einen Augenblick und bestieg wieder den Wagen.

„Fahren wir, Alexej", sagte er lächelnd, „wir können nach Hause zurück."

Der Kutscher, dem das unverständliche Verhalten seines Herrn, des Wundertäters, vertraut war, faßte Mut und drückte sein Erstaunen aus:

„Aber Eure Verabredung? Habt Ihr sie versäumt? Ihr, der stets pünktlich seid, Ihr, der niemand enttäuscht? So sind wir umsonst gekommen?"

„Aber nein, mein braver Alexej, wir sind nicht umsonst so weit gefahren. Ich habe meine Verabredung eingehalten."

Und wie immer, wenn der Rabbi etwas Elend von der Welt genommen hatte, strahlte sein Gesicht vor Glück.

Gemäß der chassidischen Tradition ist es dem Menschen nicht gegeben, die Reichweite seiner Taten und Gebete zu ermessen, so wie dem Reisenden verwehrt ist, das genaue Ziel seiner Reisen vorauszusehen: das ist eines der Geheimnisse des Begriffes *Tikum* – Genugtuung, Buße –, der die kabbalistische Aktion beherrscht.

Der Vagabund, der die Welt durchreist, um seine Liebe zu reinigen oder sich von ihr zu befreien, weiß nicht, daß er überall erwartet wird. Jede Begegnung und jeder Aufenthalt werden ohne sein Wissen in irgendein Buch eingetragen; es steht ihm nicht frei, die Wege einzuschlagen, die dorthin führen.

Die toten und vergessenen Seelen kehren auf die Erde zurück und erbetteln ihren Anteil an der Gnade und der Ewigkeit; sie brauchen die Lebenden, um dem Nichts zu entkommen. Eine Geste, eine Träne, ein Funke würden genügen. Jedes Wesen hat teil an dem erneuerten Geheimnis der Schöpfung; jeder Mensch verfügt – wenigstens einmal in seinem Leben – über die uneingeschränkte Macht des *Zadik,* das Privileg des Gerechten, das Gleichgewicht wieder herzustellen, einen Fehler gutzumachen und auf die Toten einzuwirken. Der Mensch, der verurteilt ist, sich ständig zu übertreffen, begreift seine Rolle erst nach vollbrachter Tat. Jetzt will ich eine Geschichte erzählen.

Die Geschichte spielt in Spanien. Als ich zum erstenmal durch Spanien reiste, hatte ich das seltsame Gefühl, in einem bekannten Land zu sein. Der sonnenüberflutete Himmel, der gequälte Glanz der Blicke: vertraut die Landschaft und die Gesichter – ich habe sie schon gesehen.

Die Maulaffen auf den Boulevards in Barcelona, die Männer, Frauen und Kinder in den Gassen Toledos: wie soll man erraten, wer jüdisches Blut in seinen Adern hat, wer von den berühmten *Marranos* abstammt? Jeden Augenblick konnte unter einem farbenprächtigen Portal ein Schmuel Hanagid, Ibn Ezra, Don Itzchak Abarbanel oder Jehuda Halevi erscheinen, diese Fürsten und Poeten der Legende, die das goldene Zeitalter und die Weisheit meines Volks geprägt und gesungen haben. Sie bevölkern meine Bücher und dringen in meine Träume ein.

Die Inquisition hat meine Einbildungskraft unwiderstehlich angezogen. Mich faszinieren diese rätselhaften Priester, die im Namen der Liebe und zum heiligen Ruhm eines jungen Juden aus Galiläa alle, die Gottvater dem Sohne vorzogen, gefoltert und einem langsamen Tod überliefert hatten. Ich beneide ihre Opfer. Für sie stellte sich die Wahl in einfachen Worten: Gott oder Scheiterhaufen, Verleugnung oder Exil.

Viele haben das Exil gewählt; ich verurteile die *Marranos* nicht, diese unglücklichen Konvertiten, die im geheimen und der Gefahr trotzend dem Glauben ihrer Väter treu blieben. Ich bewundere sie. Ich bewundere sie wegen ihrer Schwäche und wegen ihrer Herausforderung. Leichter wäre es gewesen, mit der Gemeinschaft der Juden das Land zu verlassen; bequemer, die Bande zu durchschneiden. Da sie sich entschieden, sich gleichzeitig auf beiden Ebenen zu behaupten, lebten sie auf des Messers Schneide, in unentwegter Selbstverleugnung.

Als ich nach Spanien fuhr, wußte ich nicht, daß man mich erwartete.

Es geschah in Saragossa. Als gewissenhafter Tourist besichtigte ich aufmerksam die Kathedrale, als mich ein Einheimischer ansprach und mir seine Dienste als Reiseführer anbot. Warum? Warum nicht? Er liebte die Fremden. Der Preis? Umsonst. Er verrichtete diese Arbeit nicht für Geld, allein für das Vergnügen, seine Stadt bewundern zu lassen. Gewandt und begeistert sprach er über sein Saragossa. Alles zog vorüber: die Geschichte, die Architektur, die Sitten. Vor einem Glas Wein war er gar so liebenswürdig, sich für meine Person zu interessieren: wo ich herkomme, wo ich hinwolle, ob ich verheiratet sei und an Gott glaube. Ich antwortete, daß ich von weit her komme, daß ich einen weiten Weg vor mir habe. Die anderen Fragen überging ich; er bestand nicht mehr darauf.

„So reisen Sie viel", meinte er höflich.

„Ja, viel."

„Vielleicht zuviel?"

„Vielleicht."

„Was gibt Ihnen das Reisen?"

„Erinnerungen, Freunde."

„Das ist alles? Warum suchen Sie das nicht in Ihrer Heimat?"

„Zweifellos wegen der Freude der Rückkehr. Mit einigen Worten als Gepäck, die ich vorher nicht kannte."

„Welche?"

„Das kann ich nicht sagen, noch nicht. Ich habe noch kein Gepäck."

Wir tranken. Ich hoffte, er würde das Thema wechseln, doch er kam darauf zurück:

„Worte: Sie müssen viele Sprachen sprechen?"

„Zu viele", sagte ich. „Jiddisch, Deutsch, Ungarisch, Französisch, Englisch und Hebräisch."

„Hebräisch?" Er wurde hellhörig. *„Hebreo?* Das gibt es?"

„Das gibt es", sagte ich lachend.

„Schwierige Sprache, nicht?"

„Nicht für die Juden."

„Ah, ich sehe, entschuldigen Sie mich. Sie sind Jude."

„Das gibt es", sagte ich lachend.

Überzeugt, eine Dummheit begangen zu haben, suchte er nach einem Ausweg. Er überlegte eine Weile und fuhr verlegen fort:

„Wie schreibt man hebräisch? Wie arabisch?" „Wie arabisch; von rechts nach links."

Da kam ihm ein Gedanke, doch zögerte er, ihn mir mitzuteilen. Ich ermutigte ihn:

„Weitere Fragen? Genieren Sie sich nicht."

Er errötete:

„Darf ich Sie um einen Gefallen bitten? Einen großen Gefallen?"

„Sicher."

„Kommen Sie ... kommen Sie mit mir."

Darauf war ich nicht gefaßt gewesen.

„Mit Ihnen?" rief ich erstaunt aus. „Wie das? Was soll ich tun?"

„Kommen Sie. Es wird nur einige Minuten dauern. Vielleicht ist es für mich wichtig. Kommen Sie."

In seiner Stimme klang solche Beharrlichkeit auf, daß ich mich nicht wegstehlen konnte. Die Neugier gewann die Oberhand, und plötzlich fiel mir ein, daß auch Saragossa einen Platz in der jüdischen Geschichte einnimmt. Saragossa ist die Geburtsstadt des geheimnisumwitterten Abraham Abulefia, der Papst Nikolaus III. zum Judentum bekehren wollte; in Saragossa ist er aufgewachsen. In dieser Stadt konnte alles geschehen.

Ich folgte meinem Führer in seine Wohnung. Zwei winzige, armselige, doch geschmackvoll eingerichtete Zimmer im zweiten Stock. Eine Petroleumlampe erleuchtete von schräg unten ein Bild der Jungfrau. Ihr gegenüber hing der gekreuzigte Christus. Der Spanier bot mir einen Stuhl an.

„Entschuldigen Sie mich einen Augenblick." Er verschwand im Nebenzimmer und kam nach einigen Minuten wieder. Er reichte mir ein vergilbtes Pergament:

„Ist das hebräisch?"

Ich öffnete die Pergamentrolle. Schlagartig erfaßte mich Erregung, meine Augen flimmerten. Meine Finger betasteten eine geheiligte Reliquie, das Fragment eines vor Jahrhunderten verfaßten Testamentes.

„Ja", sagte ich mit zugeschnürter Stimme. „Es ist hebräisch." Ich konnte ein Zittern meiner Hand nicht unterdrükken. Er bemerkte es.

„Lesen Sie!" sagte er mir in einem Ton, der keinen Widerspruch duldete.

Mit beachtlicher Anstrengung gelang es mir, die in vier Jahrhunderten verwischten Schriftzeichen zu entziffern:

„Ich, Mosche, Sohn Abrahams, gezwungen, die Bande mit meinem Volk und meinem Glauben zu durchschneiden, hinterlasse diese Zeilen den Kindern meiner Kinder und deren Kindern, damit diese an dem Tage, da Israel wieder erhobenen Hauptes, ohne Furcht und Gewissensbisse unter der Sonne wandeln wird, wissen, wo ihre Wurzeln eingegraben sind. Gegeben zu Saragossa, am neunten Tag des Monats Av, im Jahr der Heimsuchung und des Exils."

„Laut!" Der Spanier wurde ungeduldig. „Lesen Sie laut!"

Ich räusperte mich.

„Nun, das ist ein Dokument, ein sehr altes Dokument. Ich kaufe es Ihnen ab."

„Nein." Seine Stimme war schneidend.

„Ich zahle Ihnen einen guten Preis."

„Bestehen Sie nicht darauf. Ich sagte ‚nein'!"

„Bedauerlich."

„Dieses Pergament ist unverkäuflich, sage ich Ihnen!"

Sein Verhalten war mir unverständlich:

„Ich will Sie nicht verärgern. Allein: dieses Pergament hat für mich historischen und religiösen Wert; für mich bedeutet es mehr als eine Erinnerung, es ist ein Zeichen, ein ..."

„Für mich auch!" schrie er.

Ich verstand immer noch nicht. Warum war er plötzlich so versteift?

„Auch für Sie? In welcher Hinsicht?"

Er erklärte mir kurz: in seiner Familie war es Tradition, dieses Stück Pergament vom Vater auf den Sohn zu vererben. Es hatte die Kraft eines Amuletts, dessen Verlust dem Hause Fluch bringen würde.

„Ich begreife", murmelte ich, „ja, ich begreife."

Die Geschichte hatte einen Kreis geschlossen. Vier Jahrhunderte sind vergangen, bis die Botschaft Mosche des Sohnes Abrahams ihr Ziel erreicht hat. Mein Gesicht mußte einen sonderbaren Ausdruck angenommen haben. Der Spanier fragte nach der Ursache.

„Was geht vor?" wollte er wissen. „Sie sagen nichts, Sie verheimlichen mir Ihre Gedanken, Sie beleidigen mich. Kommen Sie, sagen Sie etwas! Sie können mir doch nicht böse sein, weil ich das Amulett nicht verkaufe, nein?"

Vor Entrüstung, vielleicht vor Unruhe rot angelaufen, wirkte er plötzlich bösartig und heimtückisch. Zwei steile Falten zeichneten sich auf seiner Stirn ab. *Er* hatte mich also erwartet ... Ich war der Träger seines *Tikum,* seiner Erfüllung, und er ahnte es kaum. Wie sollte ich es ihm enthüllen? Schließlich fiel mir nichts Besseres ein, als ihm gerade in die Augen zu blicken und zu sagen:

„Nichts geht vor, absolut nichts. Ich mache Ihnen keinen Vorwurf. Nur daß Sie wissen: Sie sind Jude."

Ich wiederholte die letzten Worte: „Ja, Sie sind Jude. *Judeo.* Sie!"

Er erbleichte, er fand keine Worte. Er mußte sich zurückhalten, um mir nicht an die Gurgel zu springen und mich hinauszuwerfen. *Judeo* ist eine Beleidigung, dieses Wort ruft den Teufel auf den Plan. Der Spanier, der sich in seiner Ehre gekränkt fühlte, forderte eine Berichtigung. Dann wich sein Zorn der Verblüffung. Er starrte mich an, als sähe er mich zum erstenmal, als gehöre ich einem anderen Jahrhundert oder einem Stamm mit unbekannter Sprache an. Er erwartete, daß ich ihm sagte, daß es nicht wahr sei, daß ich mich über ihn lustig mache; doch ich schwieg. Alles war gesagt. Seit langem. Das Weitere wird nur das Gewicht eines Kommentars haben. Mühsam wurde mein Gastgeber seiner Herr und neigte sich näher zu mir.

„Sprechen Sie!" sagte er.

Langsam, jede Silbe und jedes Wort betonend, las ich ihm das hebräische Dokument vor, dann übersetzte ich es. Sein Gesicht zog sich bei jedem Satz zusammen.

„Ist das alles?" wollte er wissen.

„Es ist alles."

Er kniff die Augen zusammen und öffnete den Mund, als wollte er gierig nach Luft schnappen. Ich fürchtete, er würde in Ohnmacht fallen. Doch er richtete sich wieder auf und warf den Kopf zurück, als wollte er hinter mir auf der Mauer den versteinten Schmerz der Jungfrau sehen, dann wandte er sich erneut zu mir.

„Nein!" sagte er bestimmt. „Das ist nicht alles. Fahren Sie fort."

„Ich habe Ihnen das Pergament vollständig übersetzt und kein Wort unterschlagen."

„Fahren Sie fort, fahren Sie fort, sage ich Ihnen. Bleiben Sie nicht mittendrin stehen, weiter, ich höre."

Ich gehorchte ihm. Ich zeichnete ihm ein Bild Spaniens im ausgehenden fünfzehnten Jahrhundert, als Thomas von Torquemada, geboren in Valladolid, Großinquisitor der gnädigen Königin Isabella der Katholischen, das Land in einen gigantischen Scheiterhaufen verwandelte, um die Juden zu retten, indem er sie verbrannte, damit das Wort Jesu Christi gehört und verbreitet, geliebt und angenommen würde – Amen.

Dem Spanier kamen die Tränen in die Augen. Dieses Kapitel seiner Geschichte war ihm unbekannt. Er wußte nicht, daß die Juden vor ihrer Vertreibung so eng mit der Größe seines Landes verbunden waren. Für ihn gehörten die Juden in die Mythologie, er wußte nicht, daß „das existierte".

„Fahren Sie fort", flehte er. „Fahren Sie fort, bleiben Sie nicht stehen."

Bis zu den Quellen mußte ich zurückgehen: das Königreich Judäa, die Propheten, die Angriffs- und Verteidigungskriege, der erste Tempel, die Babylonische Gefangenschaft, der zweite Tempel, die Belagerung Jerusalems und der Massada, der bewaffnete Widerstand und die römische Besatzung, das Exil und dann das Warten die Zeitalter hindurch, die Erwartung des schmerzhaft gegenwärtigen und schmerzhaft fernen Messias; ich erzählte ihm von Auschwitz und der Wiedergeburt Israels. Alles, was mein Gedächtnis bewahrte, mußte ich ihm mitteilen. Er hörte zu, ohne mich zu unterbrechen, sagte nur: „Weiter, weiter." Schließlich schwieg ich. Ich hatte nichts mehr hinzuzufügen. Wie immer, wenn ich zuviel spreche, fühlte ich mich unwohl. Ich stand auf:

„Jetzt muß ich gehen, ich habe mich verspätet." Der Wagen sollte auf dem Platz vor der Kathedrale bereitstehen. Gesenkten Kopfes, seine Schritte beobachtend, führte mich der Spanier hin. Verlassen der Platz: kein Wagen in Sicht. Ich beruhigte meinen Führer: kein Grund zur Unruhe, der Wagen würde nicht ohne mich abfahren. Wir gingen um das Bauwerk, einmal, zweimal, und mein Führer, der wieder zu seiner Funktion zurückgekehrt war, gab mir zusätzliche Erklärung über die Kathedrale Notre-Dame del Pilar. Von Müdigkeit getrieben, waren wir im Inneren. Dort, im stillen Halbdunkel, wo nichts mehr zu existieren schien, bat er mich, ihm ein letztes Mal das Testament vorzulesen, das ein Jude aus Saragossa, der kaum an ihn gedacht haben dürfte, verfaßt hatte.

Einige Jahre später auf Durchreise in Jerusalem. Ich war auf dem Weg zur Knesset, wo eine besonders hitzige Parlamentssitzung stattfand, die sich mit der Politik Israels gegenüber

Deutschland befaßte. An der Ecke der King-George-Straße sprach mich ein Passant an:

„Einen Augenblick, warten Sie."

Seine Grobheit mißfiel mir. Ich kannte ihn nicht. Auch hatte ich weder Zeit noch Lust, seine Bekanntschaft zu machen.

„Entschuldigen Sie", sagte ich, „ich habe es eilig."

Er hängte sich an meinem Arm ein.

„Gehen Sie nicht", sagte er in herrischem Ton. „Noch nicht. Ich muß Sie sprechen."

Er drückte sich in zögerndem Hebräisch aus. Zweifellos ein Tourist oder ein kürzlich eingetroffener Einwanderer. Vielleicht ein Verrückter, ein Visionär oder Bettler: sie fehlen nicht in der Ewigen Stadt. Ich versuchte, mich loszureißen, doch er lockerte nicht seinen Griff.

„Ich muß Ihnen eine Frage stellen."

„Dann zu, aber schnell."

„Erinnern Sie sich an mich?"

Besorgt, zu spät zu kommen, sagte ich hastig, daß er sich sicher irre und mich mit einem anderen verwechsle.

Mit heftiger Bewegung stieß er mich zurück:

„Schämen Sie sich nicht?"

„Nicht im geringsten. Was wollen Sie? Mein Gedächtnis ist nicht unfehlbar. Und nach dem, was ich sehe, auch Ihres nicht."

Ich wollte gehen, als der Mann ein einziges Wort hauchte: „Saragossa."

Wie angenagelt blieb ich stehen, ungläubig, keines Gedankens und keiner Bewegung fähig. Er hier? Mir gegenüber, mit mir? Ich wandelte auf einer Welt, in der die Halluzination die Regel zu sein schien. Wie von außen wohnte ich der Begegnung zweier Städte und zweier zeitloser Epochen bei, und um mich zu überzeugen, daß ich nicht träumte, wiederholte ich zweimal das gleiche Wort: „Saragossa, Saragossa."

„Kommen Sie", sagte der Mann. „Ich muß Ihnen etwas zeigen."

Diesen Nachmittag dachte ich weder an die Knesset noch

an die Debatte, die noch lange das politische Gewissen des Landes belasten sollte. Ich folgte dem Spanier in seine Wohnung. Auch hier hatte er ein bescheidenes Zwei-Zimmer-Appartement. Die Wände waren kahl.

„Warten Sie", sagte der Spanier.

Ich ließ mich in einen Sessel fallen, während er in das Nebenzimmer ging. Sogleich kam er wieder, ein vergilbtes Pergament in der Hand.

„Sehen Sie, ich habe lesen gelernt."

Wir blieben bis zum Einbruch der Nacht, tranken Wein und unterhielten uns. Er erzählte mir von seinen Freunden, seiner Arbeit und seinen ersten Eindrücken in Israel. Ich berichtete ihm von meinen Reisen und meinen Entdeckungen. Ich sagte ihm:

„Ich schäme mich, daß ich vergessen habe."

Ein nachsichtiges Lächeln erleuchtete sein Gesicht:

„Vielleicht haben auch Sie ein Amulett wie dieses nötig, es würde Sie abhalten zu vergessen."

„Ich kaufe es Ihnen ab."

„Unmöglich, da *Sie* es mir gegeben haben."

Ich erhob mich, um mich zu verabschieden. Erst als wir uns zum Abschied die Hand schüttelten, sagte mir mein Gastgeber mit belustigtem Gesichtsausdruck:

„Ich habe Ihnen noch nicht meinen Namen gesagt. Er wartete einige Sekunden, um die Wirkung zu vertiefen, während ein warmes und schelmisches Leuchten seinen Blick belebte:

„Ich heiße Mosche ben Abraham, Mosche, Sohn des Abraham."

Mosche, der Verrückte

Von all den Gesichtern, die aus meiner Kindheit aufsteigen, ist das Gesicht Mosche des Verrückten am klarsten in meinem Gedächtnis verhaftet. Als wäre ich sein einziger Halt, als wäre er mein einziger Halt.

Im Laufe der Jahre habe ich verschiedene Spielgefährten und die meisten Leute, die ich vor und während des Krieges gekannt hatte, vergessen. Nicht ihn. Als hielten wir uns gegenseitig gefangen. Wohin ich auch gehe, er geht vor mir. Manchmal weiß ich nicht mehr, wer dem andern folgt.

Doch ich weiß, daß er seit langem tot ist; sein Tod und der Tod meiner Kindheit fallen zusammen. Doch er will es nicht wahrhaben. Er scheint das Feuer und den Tod, seine Vorrechte, zu mißbrauchen, um die Tatsachen zu leugnen.

Unwiderlegbar die Fakten: als Jude und mittelloser Geisteskranker doppelt verdammt, gehörte er zum ersten Konvoi, der das Ghetto verließ. Erster Halt: die alte Synagoge. Mosche nutzte die Gelegenheit, Gebete zu sprechen. Er lachte. Es war der größte Tag seines Lebens: niemals hatte er sich vorstellen können, daß er an diesem erhabenen Ort vor dreitausend Menschen beten würde. Zweiter Halt: der Bahnhof. Mosche sang und tanzte, vielleicht weil er die anderen aufmuntern wollte, vielleicht, weil er noch nie mit einem Zug gefahren ist.

Dritter und letzter Halt: der Bahnsteig eines kleinen, verlassenen Bahnhofs, von dem man nicht mehr zurückkehrte. Mosche, der an der Spitze des Zuges marschierte, sang noch immer, lauter und lauter jetzt, als wollte er den Feind, der nur ihm bekannt war, verhöhnen.

Es gelang diesem Feind nicht, seine ernste und beunruhigende Stimme zum Schweigen zu bringen. Die Stimme ging um die Welt: gefährlich, sie zu hören, gefährlich, sie nicht zu hören. Oft reißt sie mich nachts aus dem Schlaf, und wieder empfinde ich die Angst des Kindes, das nicht allein schlafen will. Ich sehe ihn in meinem Zimmer, er kauert in der Ecke neben dem Spiegel oder vor dem Fenster, das auf den Fluß geht. Zusammengekrümmt erwarte ich schlaflos den Morgen; erst als die frühen Geräusche der Stadt heraufdringen, wage ich mich zu rühren.

Früher näherte ich mich ihm furchtlos. Er kam oft zu uns, Vater war sein Freund und Vertrauter. Man hatte mich gewarnt: „Sei nett zu ihm, er ist verrückt!" Die Bedeutung dieses Wortes war mir unbekannt. Er sagte zu mir: „Schau mich gut an, ich bin verrückt." Verständnislos blickte ich ihn an. Leuten, denen er zehnmal am gleichen Tag begegnete, stellte er sich jedesmal mit den gleichen Worten vor: „Sie kennen mich nicht, ich bin Mosche der Verrückte." – „Wir wissen es ja, wir wissen es ja", sagten sie und schoben ihn beiseite. „Nein, nicht genügend, Sie werden es niemals genügend wissen."

Er faszinierte mich. Die Einwohner hatten Mitleid mit ihm, doch er war ihnen überlegen. Überall war er Mittelpunkt und Orakel; er lebte in einer anderen Welt und in einer anderen Zeit, von ihm allein hing es ab, wo wir in diesem Reich aufgenommen würden. Er schien die Kraft zu haben, uns zu zerbrechen.

Die trübe Starre seines Blickes verlieh ihm ein tückisches, bösartiges Aussehen; doch mir gegenüber zeigte er sich gut und warmherzig. Ich ließ meine Schulaufgaben liegen und ging zu ihm, um seine herzzerreißenden Lieder zu hören. Auch erzählte er mir seltsame Geschichten, deren Lösung er verschwieg. Er sagte: „Nur der Anfang interessiert mich, das Ende schert mich wenig, das kenne ich." – „Und der Anfang?" fragte ich ihn. „Ich kenne auch ihn, doch versuche ich, den Anfang zu ändern."

Es war keine Sünde, wenn man das Studium des Talmuds unterbrach, um eine Stunde bei ihm zu sein. Er wußte mehr über den Talmud als die Weisen und ihre Schüler vor zweitausend Jahren. Er sah weiter, sein Schweigen barg eine geheimnisvolle Wahrheit.

Vielleicht erkannte er darin den ersten von Gott geschaffenen Narren, der seine Züge trug. Es war eher eine Vision als eine Kenntnis, eher eine Inspiration als eine Behauptung. Er lehrte mich als erster begreifen, daß ich an mich wie an einen Fremden denken konnte und mußte; und er lehrte mich, daß ich diesen Fremden töten müßte, töten könnte, wenn ich mich nicht von ihm umbringen lassen wollte.

Lieber rief er seinen Wahnsinn herbei, als daß er ihn verwarf. Der Wahnsinn war seine Freistatt und sein Vaterland, und wenn ich gelegentlich eine Pflegeanstalt besichtige, erfaßt mich bei jedem Kranken wieder die bewundernde Angst, die mir damals Mosche der Verrückte einflößte. Der Prophet zwinkert mir zu: es ist Mosche. Der Verfolgte, der mich abweist: auch er. Die junge Frau, die still ein unsichtbares Kind in ihren Armen wiegt: Mosche ist es, den sie beruhigen will. Alle haben sie seinen Blick.

Manchmal begegnete ich ihm auf der Straße, er saß im Restaurant oder im Theater neben mir oder war mein Nachbar im Flugzeug. Manchmal glaube ich, daß das Universum nur von einem einzigen Wesen bewohnt ist, daß alle Gesichter zu einem einzigen Gesicht verschmelzen. Dann kommt mir das junge Mädchen, mit dem ich umschlungen spazierengehe, dumm vor; die Worte, an denen ich mich berauschte, klingen hohl; die Freundschaften werden lästig. Ich will fliehen, aber Mosche der Verrückte bewacht alle Ausgänge. Bewaffnet mit ich weiß nicht welcher Macht, befiehlt er, und ich gehorche: sein Leben stößt gegen mein Leben. Um ihm zu entkommen, müßte ich ihn auslöschen. Doch wie soll man einen dem Wahnsinn verfallenen Engel ermorden?

Eines Tages glaubte ich die Lösung gefunden zu haben: ich sperrte ihn in einen Roman ein. Mit einem Dach über dem Kopf, einer Anschrift, einer Wohnung, von Leuten umgeben, die ihm gewogen waren. Ich hoffte, er würde mich nun endlich in Ruhe lassen. Später erst, nach beendeter Arbeit, entdeckte ich den Streich, den er mir gespielt hatte: unmerklich wie ein Dieb war er in die anderen Romanfiguren geschlüpft – unbestimmten Alters, Geschlechts und Religion. Wie es die Rolle verlangte, drückte er sich in der ersten, zweiten oder dritten Person aus. Zwei Figuren sprachen miteinander: er war beide zugleich. Sie ängstigten sich: er war Ursache und Ausdruck ihres Leidens. Betört las ich meine früheren Erzählungen: er herrschte in ihnen als Meister. Auch hier war er mir zuvorgekommen. Schwerer wiegt, daß er sich den Status eines vorübergehenden Wohnsitzes zugelegt hat: nach seinem Belieben kann er auftauchen und verschwinden. Kaum hat er die Maske fallen gelassen, zieht er, wilder denn je, neuen Abenteuern entgegen, in deren Sog er mich gewaltsam hineinreißt.

Manchmal kommt mir der Gedanke, daß ich selbst nur ein Irrtum, ein Mißverständnis sei: ich glaube mein Leben zu leben, während ich in Wahrheit nur sein Leben übersetze.

An jenem Vormittag rief mich ein Leser an und bat um eine Unterredung. Er sprach jiddisch, ein schleppender, melodiöser Akzent verriet seine ungarische Heimat. „Mit wem habe ich die Ehre?" erkundigte ich mich höflich. Sollte er sich seines Namens schämen, so machte er sich nicht die Mühe, einen zu erfinden. Dagegen beherrschte er die Kunst, sich in Allgemeinplätzen zu verzetteln: „Meinen Namen? Warum fragen Sie mich danach? Sie kennen ihn nicht. Das ist belanglos. Was bedeutet schon ein Name? Eine Konvention, ein Köder. Was ist verlogener als ein Name? Sehen Sie, auch der Herr hat keinen Namen."

„Er kann es sich erlauben", sagte ich teils belustigt, teils gereizt. „Man kann ihn schwerlich mit einem andern verwechseln."

„Sie wissen davon überhaupt nichts. Wer sagt Ihnen übrigens, daß dies nicht auch auf mich zutreffen könnte? Schließlich bin ich ja nach seinem Bilde geschaffen."

Diese holprige, unruhige und beunruhigende Stimme habe ich schon gehört: Wo? Wann? Unter welchen Umständen? Vielleicht die Stimme des vergessenen Kameraden? Oder eines auferstandenen Freundes? Eines früheren Nachbarn, der eine Schule mit mir zu regeln hatte?

„Kenne ich Sie?"

„Sie erstaunen mich: kennen wir denn jemals irgendwen?"

Ich verlor die Geduld. Dummheit kann ich notfalls noch ertragen, Gemeinplätze nicht.

„Wir verschwenden unsere Zeit, mein Herr. Was wollen Sie denn eigentlich?"

„Ich sagte es Ihnen: Sie treffen."

„In welcher Angelegenheit?"

„Nun, nichts Besonderes. Ich würde Sie gerne sehen, mit Ihnen sprechen, Sie verstehen."

„Das erstaunt mich", versetzte ich. „Versteht man denn jemals irgendwen?"

„Sie weigern sich also? Dazu haben Sie kein Recht." Er geruhte endlich, sich zu erklären: er gehörte zur Kategorie der Bewunderer. Er gab vor, einige meiner Bücher gelesen zu haben. Er wollte einige Aspekte, die ihn persönlich berührten, mit mir durchsprechen.

Ich spiele nicht gern den Weisen, der mit dem Jenseits in Verbindung steht. Ich wohne nicht im Schloß und genieße nicht das Vertrauen des Fürsten. Noch immer verstehe ich nicht, warum gewisse Menschen ihren Nächsten opfern, um Ruhm oder Glück zu erringen, wenn sie am Ende ihres Weges die Nacht erwartet. Auch die verstehe ich nicht, die sich an ihrer eigenen Verzweiflung ergötzen, da jeder Augenblick seine Freude und seinen Funken Ewigkeit in sich trägt. Ich bewundere den Gläubigen, der es wagt, das Leben schön oder düster zu nennen, und den Ungläubigen, der behauptet, den Menschen und die Geschichte zu beherrschen, als wüßte er, was man tun und welche Schlacht man schlagen muß: ich weiß nichts von alldem. Hier ist ein Mensch, der die Passanten auf der Straße und die schlafenden Kinder betrachtet, zu schüchtern, näher zu kommen oder sich abzuwenden, ein Mensch auf der Suche nach sich selbst; und ich sage mir, daß die Worte nichts als Worte sind, daß sie eher den Stempel unserer Ungeschicklichkeit als unserer Ernsthaftigkeit tragen. Besteht keinerlei Beziehung? Nach dem Rabbi von Kotzk gibt es unter den sagbaren Dingen solche, die man aussprechen kann, und andere, die man besser verschweigt; doch sie kommen nicht den Dingen gleich, die man nicht sagen kann.

„Sie lehnen also ab?“ drängt mein Leser. „Sie wollen mich nicht treffen, nur weil Ihnen mein Name nichts sagen würde?“

Ich habe diese Stimme, diesen Akzent schon gehört.

„Gewähren Sie mir eine Stunde, ich muß Sie unbedingt sehen. Es handelt sich um Glücksstadt. Ich glaube, die Stadt in Ihrem Roman wiederzuerkennen.“

Ich hatte mich nicht getäuscht. Er stammte aus einem Marktflecken meiner Heimat. Er erinnerte sich an meine Geburtsstadt, in die er mehrmals im Jahr kam. Und er erinnerte sich an Mosche den Verrückten, der zweimal zur Zeit der Hohen Feste als Vorsänger in der einzigen Synagoge seines Dorfes engagiert worden war. Ich fuhr auf: Mosche der Verrückte? Das änderte natürlich alles.

„Wirklich?“ rief ich erregt in die Muschel. „Sie haben ihn gekannt? Sie haben ihn singen gehört? Wann? Wie ging es ihm, in welcher Verfassung war er? Haben Sie mit ihm gesprochen? Was hat er Ihnen gesagt? Wann haben Sie ihn das letzte Mal gesehen?“

„Sie stellen mir zu viele Fragen. Darüber kann man nicht am Telefon sprechen. Über Mosche wollte ich Sie fragen, aber Ihre Zeit ist ja zu kostbar. Schade. Ich bedaure es.“

„Warten Sie, das habe ich nicht gesagt!“

„Ich glaubte zu verstehen, daß ...“

„Vergessen Sie, was ich gesagt habe.“

Jetzt wollte ich unter allen Umständen eine Verabredung festlegen. Wann? So bald wie möglich. Sofort? Er konnte sich nicht freimachen. Heute abend? Schon belegt. Er spielte den Schwierigen. Er konnte *mich* erst nächste Woche treffen. Er ließ sich überreden: um *mir* einen Gefallen zu machen, könnte er mich morgen treffen. Nach Arbeitsschluß, sieben Uhr. Ich lud ihn zu mir ein. Zu weit: er wohnte in Brooklyn. Schließlich – wir fanden keine bessere Lösung – kamen wir überein, uns vor dem Eingang der großen Stadtbibliothek in der 42. Straße zu treffen. Wir würden essen gehen und den

Abend gemeinsam verbringen. Einverstanden? Einverstanden. Auf alle Fälle schilderte ich ihm mein Aussehen. Er sagte, das sei unnötig.

Lachend legte er auf: mehr noch als seine Stimme war mir sein Lachen vertraut.

Also hatte in dieser Stadt mit dem steinernen Gesicht noch jemand das Bild dieses Vorsängers lebendig gehalten, des Sängers, der den selbstherrlichen, dann den gefallenen und sündigen Verrückten spielte, um den Himmel herauszufordern und die Kinder zu belustigen.

Wer konnte es sein? Ein Greis, der ein letztes Mal umkehrt, bevor er sich verflucht? Sein Sohn auf der Suche nach der Vergangenheit und Wunden? Ein Waisenkind, das zu verstehen sucht? Morgen werde ich es wissen, heute bleibt mir nur die Erwartung. Schon fühlte ich mich weniger allein: mein Gedächtnis würde nicht mehr das Gefängnis sein, das sich um ineinandergeschachtelte, immer engere und stickigere Gefängnisse schließt. Die Türen werden sich öffnen. Endlich werde ich die Gewißheit haben, daß Mosche der Verrückte gelebt, sein eigenes Leben geführt und nur meine Phantasie überfordert hat.

Und wie brauchte ich diesen Beweis, dieses Zeugnis! Da ich seinem Ruf gefolgt war und seinen Atem gespürt hatte, stellte ich seine Existenz in Frage: ich hielt sie für den Widerschein, wenn nicht die Verlängerung, meiner eigenen Existenz. Er begleitete mich so oft und so weit, daß ich schließlich unser Schicksal und unsere Begeisterung vermengte; ich sang und betete wie er, wie er liebte ich es, das Schweigen anderer zu ergründen und ihm mein Schweigen entgegenzustellen. Ich war er.

Daher dachte ich mit einem aufkommenden Gefühl der Dankbarkeit an meinen unbekannten Freund aus Brooklyn: durch ihn würde ich wieder ich selbst werden. Vorausgesetzt, daß ihm nichts zustößt, daß er nicht vorher stirbt oder das Gedächtnis verliert …

Munter gestimmt ging ich in mein Büro im UNO-Palast. Der Sicherheitsrat, durch die Charta beauftragt, den Frieden und die Sicherheit in der Welt zu sichern, war zu einer dringenden Sitzung zusammengerufen worden, um die explosive Lage im Kongo zu beraten. Großartig und farbenfroh die Kulisse, doch die Vorstellung ließ zu wünschen übrig: keine Spannung. Das Ganze rührte sich nicht, das trug nicht: nichts Packendes. In lockerem Plauderton sprach man über das Schicksal der Völker: Beamte, die sich den neuesten Klatsch erzählten. Die Akteure spielten ohne Überzeugungskraft. Jeder hatte bereits mehr als einmal seine eigene Rolle und die seines Nachbarn gespielt: sie kannten von vornherein die Antworten. Alles, was sie sagen konnten, war bereits mehr als einmal während der zahlreichen vorausgegangenen Krisen gesagt worden: Cuba, Zypern, Suez. Die Monologe variierten nicht. Man glaubte, in allen Sprachen die gleiche Rede zu hören. Die ehrenwerten Delegierten schleuderten sich die gleichen Anklagen ins Gesicht, wiesen sie mit den gleichen Argumenten zurück und riefen die gleichen Götter des Friedens, der Freiheit und des geheiligten Völkerrechts an. Die Journalisten schrieben, die Beobachter beobachteten, und die braven Touristen auf der für die Öffentlichkeit bestimmten Galerie, die nichts verstanden, gingen in der festen Überzeugung, die Geschichte am Werk gesehen zu haben.

Ein Kollege stieß mich mit dem Ellbogen an:

„Was denkst du davon?"

„Es ist verboten, an diesem Ort zu denken, es sei denn aus purer Höflichkeit."

„Glaubst du, daß die anderen reagieren werden?"

Er senkte die Stimme:

„Glaubst du, die Amerikaner seien zu weit gegangen? Daß sie, von ihrem eigenen Räderwerk erfaßt, die Alarmzone überschritten haben?"

Ich verstand und teilte seine Angst. Ich hätte ihn gerne beruhigen und ihm sagen mögen: „Aber nein, es wird kein Krieg geben, es gibt keine Kriege mehr, die Großen dieser Welt sind doch nicht verrückt." Doch fiel mir wieder mein Verrückter ein, und ich hatte keine Lust mehr zu reden. Mosche der Verrückte, Mosche der Vorsänger. Gestorben in Auschwitz. In Auschwitz wurde der nächste Krieg geboren, in Auschwitz wurde die Zukunft des Menschen getötet.

„Was wirst du heute abend kabeln?"

Ich sollte einen ausführlichen Bericht über die im Gang befindliche Debatte aufsetzen, doch gelang es mir nicht, mich dafür zu interessieren. Es bestand keine Verbindung zwischen der Entrüstung der Diplomaten und dem Todesschrei der Menschen, die sich in Asien, Afrika und im Vorderen Orient aus Haß und für Slogans gegenseitig umbrachten.

„Mein Kabel wird in einer Stunde abgehen", sagte ich. „Ich werde mir schon was einfallen lassen. Vielleicht ein Gebet."

„Und morgen?"

„Ein Morgen wird es nicht geben: man wird mich vor die Tür setzen."

Am Spätnachmittag wurde die Debatte fortgesetzt, dann mangels Rednern vertagt: die distinguierten Vertreter der großen und kleinen Mächte hatten Hunger. Der Weltfrieden konnte warten.

Unter beträchtlicher Anstrengung verfaßte ich meinen Bericht. Und da ich meine Stellung nicht verlieren wollte, unterließ ich das Gebet.

Auf dem Heimweg überfiel mich plötzliches Unbehagen: wenn der ungarische Jude aus Brooklyn kein Unbekannter wäre? Auf offener Straße mußte ich stehenbleiben und mich gegen die Mauer eines Wolkenkratzers lehnen. Ich rief mir wieder unser Gespräch ins Gedächtnis; es erschien mir jetzt wunderlicher als heute morgen: warum hatte er sich geweigert, seinen Namen zu nennen? Warum kam er nicht zu mir? Warum hat er erst zuletzt den Namen des Vorsängers erwähnt? Was hat ihn zum Lachen gebracht? Ich witterte eine unbekannte Gefahr. Wenn er kein Unbekannter wäre, wer könnte er sein? Was wollte er von mir?

Ich schüttelte mich und setzte meinen Weg fort. Es war spät, ich war erschöpft. Ich ging den Fluß entlang: keine Menschenseele zu sehen. Trotzdem blieb ich an jeder Ecke stehen und drehte mich um: werde ich verfolgt? Ich hielt den Atem an: nichts. Zweifellos die Nerven. Ein Wagen kommt näher, seine Scheinwerfer blenden mich, ich trete zurück. Er ist vorüber. Wer fuhr ihn? An nichts denken. Endlich das Haus. Der Pförtner öffnete mir und blickt durch mich hindurch. Er glaubt, ich sei betrunken oder in Begleitung. Der Fahrstuhl bringt mich in das vierundzwanzigste Stockwerk. Mein Zimmer. Ich wage kein Licht anzumachen. Ich taste mich zum Bett und ziehe mich im Dunkeln aus. Ich fühle mich beobachtet. Schlafen, in den Schlaf flüchten. Tausend Hände strecken sich nach mir aus und rufen mich: ich habe Angst, doch ich lasse mich von ihnen forttragen, ich will mich dieser Stimme ergeben, ich will erfahren, warum sie so vertraut klingt. Ich habe Angst, doch ich will wissen, warum ich noch im Schlaf Angst habe.

Eine Stunde vor unserer Verabredung war ich vor dem Eingang der Bibliothek. Die Kaufhäuser entließen ihre Kunden auf die Straße: in aufeinanderfolgenden Wogen überfluteten sie die Gehsteige und die Chaussee. Fußgänger und Autofahrer stürzten sich zur Verzweiflung der überlasteten Verkehrspolizisten in ihre tägliche Schlacht. Stockungen an allen Ecken und Enden. Die Hitze verlieh den Passanten einen niedergeschlagenen, matten Ausdruck. Männer und Frauen, Junge und Alte hielten sich an der Hand. Aus Gewohnheit oder um sich nicht zu verlieren. Zusehends wurde die Menge dichter. Kaum war man einen Schritt vorangekommen, mußte man schon wieder stehen bleiben. Der Eindruck drängte sich auf, daß diese gestaltlose Masse niemals den Platz verlassen werde.

Abseits beobachtete ich unbeweglich die schweißgebadeten Gesichter: werde ich den Mann erkennen, auf den ich warte? Zugleich hoffte ich inständig, niemandem anderen zu begegnen. Natürlich, genau das trat ein. Oder beinahe. Ein junges Mädchen erschien auf den Stufen des gigantischen Gebäudes. Eine Studentin, die mich jedesmal besuchte, wenn sie eine „Krise" durchmachte. Und das kam oft vor. Sie gefiel mir, gab mir aber keine Gelegenheit, es ihr zu sagen: allein die sogenannten geistigen Probleme interessierten sie. Ich lud sie zum Essen oder ins Konzert ein: sie wollte lieber sprechen, sprechen ... Ich machte ihr Komplimente über ihre Schönheit, und sie sagte: „Danke vielmals." Schon wechselte sie das Thema und wollte wissen, welche Rolle der individuellen Aktion in unserer Zeit zukomme oder wie ein Jude in unserem blutdürstigen Zeitalter leben könne, voll und ganz als Jude leben, ohne den anderen zu verletzen oder sich selbst zu erniedrigen; sie wollte wissen, ob der schöpferische Mensch nur in feindlicher Umgebung sich verwirklichen könne. Ich neckte sie: „Und die Liebe? Denken Sie niemals an die Liebe?" Nein, sie dachte niemals daran. Sie hatte ebensoviel Anziehungskraft wie Komplexe: bezaubernd und neurasthenisch im gleichen Maße. Ich liebte sie sehr.

Hier war sie nun, die leichtfüßig die Treppen herabhüpfte, direkt auf mich zu: zum ungeeignetsten Zeitpunkt. Fliehen? Die Menge hätte mich zurückgeworfen, auch riskierte ich, meine Verabredung zu verfehlen. Also entschloß ich mich zu bleiben. Ich betete, daß ein Wunder geschehe. Wider alle Erwartung wurde mein Gebet erhört. Das junge Mädchen tat, als hätte sie mich nicht gesehen, und rannte auf einen Jungen zu, der einige Schritte entfernt stand. An der Art, wie sie sich umarmten und küßten, erkannte ich, daß sie mit ihm anderes trieb, als über die Unsterblichkeit der Seele zu sprechen.

Genau sieben Uhr näherte sich ein Mann und blickte mich scharf an. Er erkannte mich nicht: ich habe mich verändert, seit ich meine Stadt verlassen habe. Ich erkannte ihn. Die brennenden Augen, die geschwollenen Lippen, die gebeugten Schultern. Das übrige war bedeutungslos. Das Äußere zählte nicht. Früher war er in Lumpen gekleidet, jetzt wirkte er elegant in seinem hellgrauen Anzug mit ausgesuchter Krawatte. Früher spielte er den Bettler, jetzt mimte er den Reichen.

„Mosche!" murmelte ich mit erstickter Stimme. Er reichte mir die Hand:

„Guten Tag! Freut mich, Ihre Bekanntschaft zu machen. Geht es Ihnen gut?"

Seine ernste und melodische Stimme. Die zögernden Bewegungen. Der trübe, zugleich flehende und spöttische Blick.

„Nicht besonders, Mosche, nicht besonders."

Ich traute meinen Augen nicht. Mir platzte der Kopf. Er hielt meine Hand in der seinen, und ich hatte nicht die Kraft, sie zurückzuziehen. Ich sagte mir: „Überlegen, schnell, schnell!" Aber ich wagte nicht zu denken. Wer weiß, wohin mich meine Gedanken führen würden. Wenn Mosche der Verrückte lebt, dann leben auch alle, die im Nebel verschwunden sind; es ist etwas geschehen, das uns noch unbekannt ist, etwas *anderes,* als wir glauben.

Er ließ meine Hand los und blickte mich verwundert an, als wollte er mich auf die Probe stellen:

„Sie nannten mich Mosche: warum?"

„Ich weiß nicht. Aus Versehen, aus Gewohnheit. Ich liebe diesen Namen, er enthält die Geschichte unseres Volkes. Der erste Jude, der sich so nannte, war der erste Davongekommene des organisierten Todes: Moses-Mosche. Er hat uns nicht nur sein Gesetz, sondern auch seinen Namen vererbt."

Kein Zweifel: er war es, mein Freund, der verrückte Vorsänger, der mich unentwegt anblickte. Ich habe ihn in den Tod gehen sehen, und das war der klarste Beweis, daß er am Leben geblieben ist; alle, die in der Nacht den Todesofen betreten haben, sind am Tag wieder aus ihm hervorgegangen, gesünder und reiner als die anderen, die ihnen nicht gefolgt sind.

Plötzlich verstand ich, warum er mich seit der Befreiung heimgesucht hatte: ich sah ihn, weil er überall ist, in allen Augen und allen Spiegeln. Die Toten sind auf die Erde zurückgekehrt, alle gleichen sie ihm. Er war das erste Glied dieser Dynastie der Verrückten, er war das menschgewordene Schicksal.

Er hatte nicht mehr den dicken Bauch und den wilden Bart. Unter seiner geflickten Jacke trug er nicht mehr den rituellen Schal, den *Talit Katan.* Und doch war es der gleiche Mosche, der zur Stunde des Gebets auf der Straße vor der Synagoge schrie: „Ich brenne, meine Kinder, ich brenne wie Feuer! Schaut mich an, meine Kinder, schaut mich an und seht, daß jeder die Macht hat zu brennen, ohne sich zu verzehren!" Wir hielten ihn für betrunken. Er trank gerne. Während der Festtage störte er die Zusammenkünfte der verschiedenen chassidischen Zirkel: er sprang auf den Tisch und leerte mit einem Zug die Flaschen, die man ihm reichte. Er war der König der Buffos, der verrückte Prophet, der sich alles erlauben konnte. Je mehr er trank, desto klarer wurde sein Gerede. Er brüllte: „Ja, ich brenne, meine Kinder, seht und begreift, daß man schließlich mit Feuer das Feuer entzündet, daß man mit Feuer auch das Feuer auslöscht: Unglück über den, der es auslöscht, Unglück über den, der das Feuer verläßt! Seht her, seht, wie ich mich kopfüber in das Feuer stürze!"

„Nehmen wir etwas zu uns", schlug mein Begleiter vor.

„Gewiß. Gehen wir essen. Und trinken. Es muß sein. Wie früher." Ein Restaurant in der 46. Straße. Der Kellner stellte eine Flasche Slibowitz auf den Tisch. Wir tranken. Ich sagte: „Mosche der Verrückte trank allein. Ich hätte ihm Gesellschaft leisten können, aber ich war zu jung. Ich frage mich, ob es jetzt nicht zu spät ist."

Ich füllte die Gläser ein zweitesmal. Ein drittesmal. Ich leerte meines in einem Zug; er nippte in kleinen Schlücken. Ich dachte: „Er hat sich trotzdem verändert. Früher war er ungeduldig, er wollte der Zeit voraus sein. Sollte er schon am Ende seines Weges angelangt sein?"

„Ich habe gelesen, was Sie über Mosche den Verrückten geschrieben haben", sagte er und schnitt eine Grimasse. „Sie scheinen ihn besser zu kennen als ich."

„Besser als Sie? Vielleicht anders."

„Nein, besser als ich. Der Beweis: Sie sprechen über ihn, er belebt ihre Erzählungen. Deswegen wollte ich Sie treffen. Was wissen Sie über ihn? Über seine Herkunft und seine geheimen Pläne? Sind Sie sicher, daß er so war, wie Sie ihn beschreiben? Wissen Sie, ob er sich nicht in seinen Wahnsinn einschloß, um ein Ziel zu erreichen, das er allein kannte? Und sind Sie sicher, daß er in Auschwitz umgebracht wurde?"

Ich hätte ihn unterbrechen und ihm sagen wollen: „Sie haben mich schlecht verstanden, ich habe mich schlecht ausgedrückt, ich habe schlecht geschrieben, Sie haben schlecht gelesen. Jetzt weiß ich die Wahrheit, und die Wahrheit heißt: Mosche der Verrückte ist nicht tot und wird niemals sterben. Sein Bild wird sich niemals auflösen.“ Doch ich sagte nichts und ließ seine Sätze wie eine gerechte und verdiente Strafe auf mich herabregnen. Schließlich konnte ich mich nicht mehr halten und schrie ihn an:

„Was wollen Sie von mir? Was habe ich Ihnen getan? Wer gibt Ihnen das Recht, mich zu beschuldigen und zu verurteilen? Mosche der Verrückte? Er verdammte keinen. Sie wohl: Was und wer berechtigt Sie dazu?“

Er legte seinen Arm auf meinen, um mich zu beruhigen: „Sie steigern sich in etwas hinein, sind Sie mir nicht böse. Ich habe Sie verärgert, ich bitte Sie um Verzeihung.“

Ich dachte: „Er hat sich trotzdem verändert. Mosche der Verrückte hatte keinen Menschen um Verzeihung gebeten. Auch Gott nicht, Gott vor allem nicht.“

Er trank einen Schluck und fuhr etwas leiser fort:

„Ich war so neugierig, daß ich mich gehen ließ und Ihre Freundlichkeit mißbrauchte, verstehen Sie?“

„Sprechen wir nicht mehr davon. Laßt uns trinken. Trinken ist das beste Mittel, um das Bild des Vorsängers zu beschwören.“ Er stürzte den Inhalt seines Glases hinunter, dann zögerte er, fuhr schließlich fort:

„Eine letzte Frage. Sie wird Sie vielleicht verletzen. Sie sprechen immer liebevoll über ihn. Sie sprechen über ihn wie ich über meinen Vater. Woher kommt das?“

Er wollte mir seine Erlebnisse und Erfahrungen vor, während und nach dem Krieg erzählen. Sie interessierten mich nicht. Ich verlor den Faden, ereiferte mich, meine Gedanken verwirrten sich, und ich taumelte in diesem Labyrinth.

„Kommen wir lieber auf Ihre Frage zurück. Warum ich liebevoll sein Gedenken beschwöre? Weil es niemand tut. Weil er weder Vater noch Sohn eines Menschen war. Ohne Heim, ohne Bindung, ohne Stellung: ein freier Mensch. Nichts versuchte oder schreckte ihn. Rastlos und einsam, machte er aus seinem Wahnsinn eine ansteckende Krankheit und aus seiner

Einsamkeit ein Gemeinwohl. Als ein Führer zeigte er den Weg. Als Seher trank er nie zweimal aus dem gleichen Glas und machte nie zweimal die gleiche Erfahrung. Wie könnte ich sein Bild ohne Liebe, sein Schicksal ohne Verlangen wiedererschaffen?"

Ich würde bis zum Morgenanbruch geredet haben, doch ich schwieg. Plötzlich fiel mir ein, daß wir im Grunde nichts von ihm wußten, außer den Äußerlichkeiten, die unsere Augen bannten. Vielleicht hatte er in einem Dorf unserer Umgebung eine Familie gegründet, vielleicht hatte er eine Frau geliebt und Kinder gezeugt? Was wissen wir denn wirklich über ihn? Daß er sich verrückt gebärdete, daß er das Glück und die Entblößung, die Klarheit und die Halluzination verwechselte. Und der Rest? Und die verborgenen Gesichte? Zweifel überfielen mich. Ich sah wieder den Juden aus Brooklyn an.

„Die Wahrheit", sagte ich ganz leise. „Ich verlange, daß Sie mir die Wahrheit sagen. Sie verfügen über die Auskünfte, die ich brauche: geben Sie sie mir. Wer sind Sie? Warum interessieren Sie sich für den Kantor? Sollten Sie sein Bruder sein? Sein Freund? Sein Mörder? Sein Rächer? Sollten Sie ... sein Sohn sein? Meine Frage überraschte ihn. Er lief purpurrot an, ein nervöser Tick ließ sein Augenlid heftig zucken. Er versuchte gar nicht, sich zu beherrschen. Nach einem Schweigen gewann er die Fassung wieder und brach in Lachen aus: „Sie scherzen wohl? Sie schweifen ab! Was haben Sie doch für eine Phantasie! Ich, sein Rächer! Ich, sein Sohn!"

„Sie lachen, das beweist nichts. Sie lachen, um Ihr Spiel zu tarnen, doch ich durchschaue Sie. Sagen Sie mir, wer Sie sind und was Sie hier vor mir treiben. Ich muß alles wissen, das sage ich Ihnen!"

Er wurde wieder ernst und betrachtete seine Fingernägel. Mir kamen Tränen in die Augen:

„Nun? Gibt es nichts mehr zu sagen? Schade. Wäre Mosche der Verrückte hier, er würde Sie besiegen. Doch er ist nicht mehr auf dieser Welt. Mosche ist nicht von dieser Welt gewesen. Zwar habe ich ihn gekannt, bin ihm überall und bis hierher gefolgt; sicher bedeutet das etwas, doch ich werde sterben, ohne es erfahren zu haben.“

Er nagte an seinen Fingernägeln, der Schweiß floß ihm über die Stirn. Ich flößte ihm Angst ein – das war augenscheinlich. Sollte ich ihn demaskiert haben? Oder hatte er das andere Gesicht des Kantors erahnt? Oder hielt er gar mich für Mosche den Verrückten? Traurig schüttelte er mehrmals den Kopf, erhob sich mit einem Satz und erklärte mir mit abgerissener, verstörter Stimme, daß er gehen müsse.

Wie durch Nebel sah ich ihn zum Ausgang eilen; an der Kasse blieb er stehen, bezahlte die Rechnung und gab dem Kellner ein Trinkgeld, dann drehte er sich um, warf mir einen durchbohrenden Blick zu und verschwand. Ich hätte ihn zurückhalten, ihm nachlaufen sollen, um ihn zu zwingen, alles zu gestehen. Der Kantor hätte es getan, ich war unfähig: ich hatte zuviel getrunken.

Zerstreut beobachtete ich die Gäste, die sich zum Glück nicht um mich kümmerten. Junge Pärchen lächelten sich an und vergaßen zu essen. Ältere Leute verzehrten schweigend, wie verdrossen ihre Speisen. Nach und nach leerte sich der Saal. Auch ich erhob mich schwankend. Bald werde ich am Times Square sein, diesem Jahrmarkt, auf dem die gehetzten Seelen ihren gequälten Schatten abwerfen. Im Neonlicht badend, betäubt vom Kreischen der Musikboxen, ziehen sie einsam von einer Bar zur anderen. Die ganze Nacht irrte ich ziellos umher. Dann machte ich mich auf den Heimweg, den Fluß entlang, erfrischt durch den kühlen Morgenwind. Die Wirkung des Alkohols ließ nach, ich fand mein Gleichgewicht wieder und begann klarer zu sehen. Mein Verhalten im Restaurant beschämte mich, ich hatte mich vor aller Augen gehen lassen. Alles in allem war der Jude aus Brooklyn, dessen Namen ich noch immer nicht kannte, nur ein neugieriger Leser, der jemanden aus seiner Heimat treffen wollte. Das übrige war das Werk meiner krankhaften Phantasie; der Arme konnte nichts dafür.

Vermaledeiter Mosche! dachte ich lächelnd: jetzt hast du mir noch einen Streich gespielt. Du wirst dich niemals ändern.

Und doch hat diese Episode eine Frage hinterlassen, die ich all den Fragen über den Kantor meiner Stadt beifügen muß: vielleicht habe ich in meiner Trunkenheit richtig gesehen. Da Mosche der Verrückte niemandes Sohn ist, ist er vielleicht unser aller Vater.

Der irrende Jude

Niemand kannte seinen Namen und sein Alter. Vielleicht hatte er keinen Namen und kein Alter. Alles, was gewöhnlich einen Menschen ausmacht, fehlte ihm. Durch sein Benehmen, sein Wissen und seine zahlreichen wie widersprüchlichen Standpunkte gab er vor, das Unbekannte und Ungewisse zu verkörpern: mit seiner Kunst verdunkelte er jede Helligkeit und Klarheit. Er liebte es, Fixpunkte zu versetzen und zu zerstören, alles, was ihm fest und haltbar schien: er warf Gott vor, das Universum erfunden zu haben.

Woher kam er? Welche Freuden kannte er, welche Ängste quälten ihn? Was wollte er erreichen? Was vergessen? Wir wußten es nicht. Hatte er an irgendeinem Augenblick seines Lebens Frau, Glück und Enttäuschung gekannt? Siebenfach versiegeltes Geheimnis. Er sprach nur über sich, um uns irrezuführen: ja und nein sind einander gleichwertig, das Gute und das Böse ziehen am gleichen Strang. Er stellte Theorien auf, um sie sofort mit den gleichen Argumenten zu widerlegen. Je länger man ihm zuhörte, desto weniger verstand man sein Leben und die Welt, in der er lebte. Er hatte die übermenschliche Macht, sich eine neue Vergangenheit zu schaffen.

Er flößte Furcht ein, doch bewunderte man ihn auch. „Er ist ein gefährlicher Mensch, er weiß zuviel", sagten wir von ihm, und er hörte es gerne. Allein, fremd und unzugänglich wollte er bleiben.

Unverhofft tauchte er an allen möglichen Orten auf, um eine Woche oder ein Jahr später spurlos zu verschwinden. Zufällig stieß man wieder auf ihn jenseits der Grenze oder hinter einem Gebirgszug: auf diesen wunderlichen Rabbi, Geschäftsmann und servilen Küster. Mehrmals war er ohne Geld und Papiere um die Erde gereist; wir werden nie erfahren, wie und warum. Vielleicht ist er auf Reisen gegangen, damit wir niemals erfahren, wie und warum.

Abwechselnd gab er vor, aus Marrakesch, Wilno, Kischinew oder Safed, Kalkutta oder Florenz zu stammen. Er brachte so viele Beweise vor, wußte so viele Einzelheiten zu nennen, daß er uns letzten Endes jedes Mal von der Wahrheit überzeugen konnte. Anderen Tags stürzte das Gebäude ein: beiläufig schilderte er die verzauberte Atmosphäre seiner Geburtsstadt irgendwo in China oder Tibet. Das Maßlose seiner Übertreibungen ging über den Tatbestand der Lüge hinaus: das war bereits eine Weltauffassung.

Was war das Ergebnis seiner Reisen? Er sprach viel und gewandt. Er beherrschte etwa dreißig alte und moderne Sprachen einschließlich Hindu und Ungarisch. Sein Französisch war klar, vollkommen sein Englisch, und sein Jiddisch paßte sich dem Akzent des Gesprächspartners an. Die *Vedas* und den *Zohar* konnte er auswendig aufsagen. Als irrender Jude fühlte er sich in allen Kulturen zu Hause.

Stets schmutzig und struppig, sah er wie ein Clochard aus, der sich in einen Clown verwandelt hat, oder wie ein Clown, der einen Clochard spielt. Sein riesiger, runder, aufgedunsener Kopf war mit einem winzigen, ewiggleichen Hut bedeckt; seine dickglasige und staubige Brille trübte seinen Blick. Wer ihm auf der Straße begegnete, ohne ihn zu kennen, wich ihm angeekelt aus. Zu seiner großen Befriedigung übrigens.

Drei Jahre bin ich in Paris sein Schüler gewesen. Von ihm erfuhr ich viel über die Gefahren der Sprache und Vernunft, über das Aufbrausen des Weisen und des Narren, über den geheimnisvollen Weg eines Gedankens durch die Jahrhunderte, über das Zögern beim Denken, verschlossen aber blieb mir das Geheimnis, das ihn aushöhlte oder vor einer kranken Menschheit beschützte.

Unsere erste Begegnung war kurz und stürmisch. Es war in der kleinen Synagoge an der Rue Pavé, in die ich Freitag abends häufig ging, um dem Gottesdienst beizuwohnen, der die Herrschaft des Sabbats begrüßte.

Nach dem Gebet umringten die Gläubigen einen Greis von abstoßendem Äußeren, der ihnen mit weitausladenden Bewegungen die *Sidra* – den Bibelabschnitt – der Woche erklärte. Seine Stimme klang heiser und unangenehm; absichtlich sprach er schnell, seine Sätze jagten sich, so daß wir ihm schwer folgen konnten. Es amüsierte ihn, seine Zuhörer zu verwirren. Wir verstanden jedes Wort, begriffen alle Gedanken, und doch hatten wir den Eindruck, daß er sich über die lustig machte, die sich den Anschein gaben, seine Worte zu verstehen. Doch wir wehrten uns kaum dagegen: sich einwikkeln zu lassen ist zu einem ungesunden Vergnügen der Intelligenz geworden.

Plötzlich, mitten im Satz, entdeckte er mich und unterbrach sich: „Wer bist du?"

Ich sagte meinen Namen.

„Ausländer?"

„Ja."

„Flüchtling?"

„Ja."

„Woher?"

„Von weit her, von dort unten."

„Praktizierender Jude?"

Ich antwortete nicht. Er wiederholte die Frage:

„Praktizierender Jude?"

Noch immer antwortete ich nicht.

„Ich verstehe", sagte er.

Meine Verwirrung kümmerte ihn nicht, und er setzte das Verhör fort:

„Student?"

„Ja."

„Welche Fakultät?"

„Ich würde gern Philosophie studieren."

„Warum?"

„Darum!"

Er ließ nicht locker:

„Warum?"

„Ich suche."

„Was suchst du?"

Ich wollte ihn berichtigen: „wen?" und nicht „was?", doch ich antwortete:

„Ich weiß noch nicht."

Es überzeugte ihn nicht:

„Was suchst du?"

Ich sagte:

„Eine Antwort."

Seine Stimme klang streng:

„Eine Antwort auf was?"

Ich wollte ihn berichtigen: „auf wen?" und nicht „auf was?", doch ich wählte den einfachsten Weg:

„Auf meine Fragen."

Er stieß ein bissiges Lachen aus:

„Und du hast Fragen? Du?"

„Ja, ich habe Fragen."

Er streckte mir die Hand hin:

„Gib sie mir, ich werde sie dir zurückgeben."

Verblüfft und verständnislos sah ich ihn an.

„Ja", sagte er, „ich gebe sie dir mit der Lösung zurück."

„Wie!" rief ich aus. „Sie haben die Antworten auf die Fragen?"

„Genau", sagte er, „und wenn du den Beweis willst, ich werde ihn dir auf der Stelle liefern."

Nach kurzem Schweigen antwortete ich:

„Nein, in diesem Fall will ich Ihnen lieber auf das Wort glauben."

Er regte sich auf: „Ich mag das nicht!"

„Ich kann nichts ändern", sagte ich errötend. „Wenn Sie meine Fragen beantworten, dann habe ich keine Fragen mehr."

Der Greis – war er sechzig Jahre alt? Älter? –, auch die Gläubigen blickten mich einen langen Augenblick an. Plötzlich bekam ich Angst, ich fühlte mich bedroht. Wo konnte ich mich verstecken?

Der Greis senkte seinen schweren Kopf.

„Stell mir trotzdem eine Frage", sagte er in versöhnlichem Ton.

„Ich sagte Ihnen doch: ich habe keine mehr."

„Aber doch. Eine einzige, irgendeine Frage. Du wirst sehen, daß du es nicht bereust. Du hast nichts zu befürchten."

Ich war weniger überzeugt. Im Gegenteil: alles hatte ich zu befürchten. Der ersten Unterwerfung würde eine zweite folgen. Es gäbe kein Ende und keine Freiheit mehr.

„Nun?" sagte der Greis freundlich. „Eine einzige Frage ..."

Meine Sturheit warf Falten auf seine Stirn, und ein schwarzer Glanz leuchtete in seinem Blick auf.

„Das ist pure Dummheit, mein Junge. Ich biete dir eine Abkürzung an, und du lehnst sie ab: bist du sicher, hier im Recht zu sein? Bist du nicht nach Frankreich gekommen mit dem einzigen Ziel, mir zu begegnen?"

Mein Herz schlug heftig, ich preßte die Lippen zusammen. Ich hörte die innere Stimme, die mich zur Wachsamkeit rief, ich stand am Kreuzweg, es galt Vorsicht zu üben, die Augen offenzuhalten, das Schweigen zu wahren und den Weg zu meiden, der nicht mein Weg war.

„Nun? Du willst also eigensinnig bleiben? Hast du die Sprache oder das Gedächtnis verloren? Oder glaubst du dich stark genug, mir nicht zu gehorchen?"

Er wurde ungeduldig. Meine Angst wuchs, ich glaubte zu ersticken. Als Kind war jeder Fremde für mich ein Botschafter: nur von mir hing es ab, ob er eine Verheißung oder Verwünschung aussprach. Meine Lehrer hatten mich gelehrt, niemals dem Augenschein zu trauen und lieber tausend Demütigungen zu erdulden als eine einzige jemandem zuzufügen. Der Talmud sagt, wer einen anderen öffentlich demütigt, vergießt dessen Blut. Weigerte ich mich, in das Spiel des Greises einzutreten, so traf ich seine Ehre.

„Entscheide dich endlich!" mahnte er mit bösem Blick. „Willst du endlich den Mund aufmachen?"

Um zu einem Ende zu kommen, gelang es mir mühsam, ihn vorsichtig über eine Bibelstelle auszufragen. Für ihn war die Frage zu leicht. Er forderte eine weitere. Noch zu leicht. Eine andere. Mit hochgerötetem Gesicht drängte er mich fortzufahren.

„Machst du dich lustig über mich? Los, raff dich auf! Lauf bis zum Ende, bis in die Dunkelheit, und bring mir, was dir entgeht und dich lächerlich macht."

Beim zehnten oder zwölften Versuch erklärte er sich einverstanden. Er schloß die Augen und gab eine Erklärung, deren Brillanz und Strenge mich blendeten. Schon gehörte ich ihm, vertraute ihm meinen Willen und meine Vernunft an. Während er sprach, fesselten mich seine weitgespannten Kenntnisse und der Reichtum seiner Gedanken. Sein Wort hob die Entfernung auf und räumte die Hindernisse beiseite, Anfang und Ende existierten nicht mehr, nur noch die heisere und unangenehme Stimme eines Mannes war zu hören, der dem Schöpfer die Geheimnisse und Niederlagen seiner Schöpfung erklärte.

„Das ist schön", sagte ich, als er geendet hatte.

Ich war bewegt und hätte ihm gerne die Hand gedrückt und ihm gesagt: „Sie verwirren mich, ich werde Ihnen folgen." Doch schlagartig veränderten sich seine Züge, ich wagte mich nicht zu rühren. Sein aufgedunsenes Gesicht wurde vor Entrüstung purpurfarben. Er packte mich an den Schultern, schüttelte mich kräftig durch und beschimpfte mich voller Verachtung: „Ist das alles, was du zu sagen hast? Daß es schön ist? Dummkopf! Was schert mich die Schönheit? Sie ist nur Fassade und Dekor: die Worte verlieren sich in der Nacht, ohne sie zu bereichern. Wann wirst du begreifen, daß eine schöne Antwort nichtig ist, nichts als Lug und Trug. Der Mensch erkennt sich durch das, was ihn beunruhigt, nicht was ihn beruhigt. Wann wirst du begreifen, daß du im Irrtum lebtest und suchtest, denn Gott bedeutet Bewegung, nicht Erklärung?"

Dann ließ er mich los und ging überstürzt hinaus; er ließ seinen schweren und geheimnisvollen Zorn zurück.

Irgendwer brach in Lachen aus und tröstete mich: „Mach dir nichts daraus, junger Mann. Sein Verhalten zu den Menschen, die ihn bewundern oder fliehen, ist seltsam. Man darf ihm nicht böse sein, dann würden seine Fallen zuschnappen. Seine Beleidigungen soll man sich nicht zu Herzen nehmen. Er provoziert gerne das Leiden, das ist sein Lieblingszeitvertreib und sein Stimulans. Er hat schon ältere und weisere Leute als dich lächerlich gemacht. Ohne sein tägliches Opfer könnte er nicht leben."

So geriet ich das erstemal in den Bannkreis seiner Legende. Ich erfuhr die Geschichten, die seine Macht priesen; alles wußte er über den anderen, während er selbst im Schatten blieb. Er hatte alle bedeutenden Werke gelesen, war in alle Geheimnisse eingedrungen und hatte alle Länder gesehen; überall und nirgends war er zu Hause. Man wußte nicht, wo er wohnte, wovon er lebte. Er nannte sich Rabbi, doch war nicht einmal bekannt, ob er die Bräuche achtete. Er kannte kein Gesetz an, weder die Autorität der Gemeinschaft noch das Individuum: unterwarf er sich dem göttlichen Willen? Ein Geheimnis auch dies. Immer schien er unvermutet von einem fernen Gestade oder verzauberten Land zu kommen. Die Jahre gingen an seinem Körper und Geist vorüber: er alterte nicht. Er blieb sich gleich und forderte die Einbildungskraft und die Zeit heraus.

Bis spät in den Abend erzählten mir die Juden von ihm, und schmerzhaft gespannt hörte ich ihnen zu, wie ich einst als verwundertes Kind den Geschichten lauschte, die die Chassidim zwischen den Gebeten erzählten, Geschichten über die Wunder, die der Zadik, Jünger und Diener des Herrn, vollbrachte.

„Mach dir nichts daraus, junger Mann", wiederholte der Gläubige, der mich unbedingt trösten wollte. „Es ist ein Privileg, sich von unserem Gast beleidigen zu lassen."

„Wer ist er denn? Was macht er, wenn er kein Opfer in der Hand hat? Wo und warum versteckt er sich? Wie kann man zu ihm kommen?"

Die Juden zuckten die Schulter. War er märchenhaft reich oder völlig mittellos? Die Meinungen gingen auseinander:

„Ein Verrückter, der sich auf unsere Kosten lustig macht", erklärte ein bärtiger Greis. Sein Nachbar protestierte: „Nicht doch! Er ist ein Heiliger, ein Gerechter, seine Aufgabe auf Erden ist es, uns aufzurütteln; wir alle müssen von ihm von Zeit zu Zeit wachgeschüttelt werden, nicht wahr?" Der Bärtige stimmte zu: „In der Tat, du hast recht, sonst würde die Seele in ihrer Hülle verfaulen; doch das sage ich euch: ich liebe unseren Gast nicht, ich habe kein Vertrauen zu einem Menschen, der mir nicht vertraut. Ich glaube, er steht in den Diensten Satans: Satan beschützt ihn und sichert ihm seine Siege. Warum und zu welchem Preis? Ich würde es gerne erfahren, und ich habe Angst, das Unbekannte zu erfahren."

Einer erinnerte an folgende Episode: während der Besatzung wurde unser Wanderprediger von den Deutschen festgenommen. Dem Gestapo-Offizier, der ihn verhörte, erklärte er, Elsässer und arisch zu sein, zu allem noch Professor für höhere Mathematik an einer deutschen Universität. Der Offizier barst vor Lachen:

„Du lehrst an der Universität? Du? Und du glaubst, daß ich das schlucke?"

„Gewiß", sagte der Clochard, ohne mit der Wimper zu zukken.

„Zeig deine Papiere!"

„Ich habe sie bei einem Bombenangriff verloren."

„Da bist du schiefgewickelt, mein kleiner Itzik. Im Zivilberuf bin ich selbst Professor für Höhere Mathematik."

Der Jude geriet nicht außer Fassung:

„Welch glücklicher Zufall, lieber Kollege! Erfreut, Ihre Bekanntschaft zu machen. Ich könnte natürlich vorschlagen, daß Sie mich ausfragen, doch habe ich einen besseren Vorschlag: Ich werde *Sie* einem Examen unterziehen. Ich stelle Ihnen ein Problem: finden Sie die Lösung, so erschießen Sie mich – ich verspreche Ihnen, daß ich keinen Einspruch erheben werde. Wissen Sie die Lösung nicht, so lassen Sie mich gehen, ohne Näheres zu wollen."

Der Offizier ging auf den Handel ein. Der „Professor" war wieder frei, und wenig später gelang es ihm, die Schweiz zu erreichen, wo der Großrabbi einer seiner ergebensten Bewunderer wurde. Wie konnte er über die Grenze kommen?

„Nichts logischer als das", warf der mißtrauische Greis ein. „Der Satan ist ihm zu Hilfe geeilt."

„Nicht doch!" gab der Nachbar zurück. „Bildest du dir ein, der Satan hilft einem Juden, seine Haut zu retten? Ich bleibe dabei, daß unser Gast ein Heiliger ist. Das würde alles erklären. Wie der Tod keine Gewalt über König David hatte, wenn er seine Psalmen sang, so ist er ohnmächtig gegenüber unserem Gast, wenn er uns aus der Betäubung rüttelt. Wie wir alle, fürchtet der Tod seinen Zorn."

Diese Nacht konnte und wollte ich nicht schlafen. Als ich die Synagoge verlassen hatte, ging ich durch die Straßen und Gassen der schlafenden Stadt, von der uneingestandenen Hoffnung getragen, daß er plötzlich wie ein Bösewicht oder als Bettler verkleideter Weiser vor oder hinter mir aus dem Dunkel auftauchen würde, um mir zu sagen: „Der Morgen dämmert."

Die Morgendämmerung brach herein, und ich kehrte allein zurück. Ich mußte ihn wiederfinden, koste es, was es wolle. Er war es, den ich seit Kriegsende suchte, seit dem Tod meiner Lehrer, seit sich ihr Feuer in einem Kohlenofen irgendwo in Schlesien verzehrt hat. Er allein wäre fähig, sie abzulösen, mir den rechten Weg zu weisen und mir zu offenbaren, wohin er führt. Ihn wiederfinden, ihn ansprechen, ihn anflehen ... doch wo? Häufig kam ich in die Synagoge in der Rue Pavé zurück; die Gläubigen kannten mich, die Absicht meiner Besuche entging ihnen nicht: nicht Gott zog mich an. Nachsichtig verspotteten sie mich: „Na, junger Mann, willst du dich nochmals beleidigen lassen?" Ich antwortete: „Ja." Sie lächelten: „Geduld, junger Mann, Geduld, er wird wiederkommen, er kommt immer wieder, doch kann man bei ihm unmöglich sagen, wann das sein wird: bei ihm kann man nichts voraussehen."

Ja, er war der irrende Jude. War er noch in Frankreich? Glaubte man ihn im Lande, war er schon anderswo: in Indien, Marokko, in Katmandu, im Herzen der Wüste oder auf hoher See: wie sollte man es wissen?

Bei ihm zerfiel die Gewißheit zu Staub.

Einige Monate später. Gare du Nord. Ich bestieg den Zug nach Taverny, wohin ich zweimal die Woche fuhr, um einer Gruppe junger polnischer und ungarischer Flüchtlinge, die den Lagern entkommen waren, eine Vortragsreihe über die Propheten zu halten. Sie waren auf Durchreise in Frankreich, wohnten in einem Schloß der O. S. E. und warteten auf ihre Visa nach Palästina.

Ich war in meine Hefte vertieft, meinen Vortrag memorierend, da sprach mich jemand an. Ich sprang auf: die heisere, unangenehme Stimme. Er war es. Schlecht rasiert, schmutzig, in Lumpen gekleidet, den unumgänglichen winzigen Hut auf dem Kopf: eine Zirkusfigur.

„Sieh an!" brüllte er aus vollen Lungen.

Neben mir war ein Platz frei.

Die Reisenden blickten uns verdrießlich an. Ich war verlegen und erleichtert zugleich: verlegen, in Gesellschaft dieser grundhäßlichen Kreatur gesehen zu werden; erleichtert, ihm endlich, als ich schon alle Hoffnung aufgegeben hatte, wiederzubegegnen. „Wohin fährst du?"

Ich erklärte ihm den Grund meiner Reise und ließ seiner Ironie freien Lauf:

„Nein! Tatsächlich? Außerordentlich! Ich habe alles erwartet, nur das nicht. Du bist also Professor geworden! Nun ja, man hat schon alles erlebt: der Sucher ist zum Führer geworden, so ist es doch? Schön, erzähle! Erzähl mir, was du sie lehrst, deine Schüler. Damit ich auch etwas erfahre – willst du?"

Ich wollte nicht, doch er gab nicht nach. Von Übelkeit erfaßt, konnte ich nur unzusammenhängende Sätze über das Buch Hiob stottern: das Buch Hiob war damals in Mode, jeder, der das Menschenopfer überlebt hat, könnte es geschrieben haben. In meinen Vorträgen behandelte ich die Entstehung des Dialogs zwischen dem Menschen und seinem Nächsten. Und zwischen Gott und Satan. Ich hob auch die Bedeutung hervor, die man dem Schweigen als Kulisse beimaß. Dann der Gedanke der Freundschaft und der Gerechtigkeit und in welchem Maße sich diese Begriffe gegenseitig aufheben. Und der

Begriff des Sieges im Denken der Propheten. Was ist der Mensch? Der Verbündete Gottes oder nur sein Spielzeug, sein Beweis? Sein Triumph oder sein Fall?

Interesse vortäuschend, fixierte mich mein Reisegefährte nachsichtig und herablassend. Man sah, daß er sich amüsierte. Er unterbrach mich nicht, er stieß nur trockene Grunzer aus, die meine Verwirrung heillos machten: ich wußte nicht mehr, was ich sagte oder zu beweisen versuchte. In meinem Kopf verwirrte sich alles, ich hörte meine Stimme: es ist jemand anders, der eine schlecht gelernte Schulaufgabe wirr zusammenstotterte. Erschöpft und den Tränen nahe, hörte ich schließlich auf.

„Ist das alles?" erkundigte sich unversöhnlich der Clochard.

„Ja, ich glaube ..."

„Armer Hiob!" griente er, „als ob er nicht ohne dich schon genug gelitten hätte!"

Dann unterzog er mich einem gestrafften Verhör, das mir den Gnadenstoß gab. Mein Wissen, in langen Jahren der Schlaflosigkeit und Entbehrung erworben, zerrann wie Sand. Ich glaube, den Talmud zu kennen? Irrtum. Ich glaube, die Kommentare des Raschi zu verstehen? Eine Illusion. Die Psalmen, die ich auswendig aufsagen konnte? Um so schlimmer, reiner Dünkel, da ich nicht einmal den Sinn der ersten Zeile erfasse.

Das Blut hämmerte in meinen Schläfen, ein unbestimmter Schmerz verbreitete sich im ganzen Körper. Also habe ich für nichts gelebt, habe betrogen und mich selbst belogen, meine Kindheit und Jugend verschwendet; Prahlerei nur meine Erfahrungen. Wie Hiob verfluchte ich den Tag meiner Geburt, ich wollte sterben, verschwinden, um meine Schande auszulöschen und mich loszukaufen. Der Clochard fand das ulkig. Je länger ich sprach, desto tiefer versank ich in meiner Unwissenheit. Ich wandelte am Rande des Wahnsinns, ich war auf dem besten Weg, die Sprache zu verlieren und wieder ein stummes, unschuldiges Kind zu werden. Ich begann zu beten: „Herr, gib, daß wir in Taverny ankommen, schnell, bevor es zu spät ist, denn ich kann nicht mehr." Taverny bedeutete für mich das Verheißene Land, in Taverny sagten sich Folterknecht und Opfer *Auf Wiedersehen* oder besser *adieu,* in Taverny wird die Folter zu Ende sein. Das langsame Zuckeln des Vorortzuges machte mich rasend. Die Fahrt, gewöhnlich eine Stunde, schien eine Ewigkeit zu dauern. Und der Greis gönnte mir keine Ruhepause, seine heisere und unangenehme Stimme hetzte mich. Ich dachte: „Der Bärtige in der Synagoge hat es richtig gesehen: er ist der Satan, er will meinen Fall. Ich hoffe, ihn niemals wiederzusehen, er soll fortgehen und mich in Frieden lassen; ich spiele nicht mehr mit."

Plötzlich hielt der Zug. Der Schaffner rief aus: „Taverny-y-y!" Ich schüttelte mich, um wieder zur Besinnung zu kommen. Mit ironischem Lächeln verfolgte der Clochard meine Bewegungen. Ich streckte ihm die Hand hin: „Hier steige ich aus." Er erhob sich: „Ich auch." Er gab vor, meine Verwirrung nicht zu verstehen. Auf dem Bahnsteig fragte ich ihn, wohin er wolle.

„Welche Frage! Natürlich mit dir!"

„Mit mir?" rief ich erschrocken aus.

„Ja, ich habe mich entschlossen, dich zu begleiten."

Warum? Er wußte es noch nicht.

„Ich werde es an Ort und Stelle wissen."

Wer um Gottes willen hatte ihn denn eingeladen? Sicher niemand.

„Ich halte mich für einen freien Menschen, ich kann hingehen, wohin ich will, wann ich will und mit wem ich will."

„Und ich? Was habe ich mit Ihren Plänen zu tun."

„Zu früh, um es zu wissen, wir werden schon sehen."

Schweigend gingen wir zwanzig Minuten nebeneinander her; beim Schloß angekommen, löste der Anblick meines Begleiters allgemeine Heiterkeit aus. Ich wollte am gleichen Abend nach Paris zurück. Ich blieb eine ganze Woche. Er auch.

Mein Vortrag sollte am frühen Nachmittag im Freien stattfinden. Während des Mittagessens musterte mich der Greis schweigend. Mir wurde übel. Ich nahm keinen Bissen zu mir. Er übrigens auch nicht.

Meine Nerven vibrierten, das Tischgespräch versiegte. Ich ahnte schreckliches Unheil: in seiner Anwesenheit würde ich sicher versagen. Wie konnte man ihn entfernen? Ihm sagen: „Ich flehe Sie an, Herr Unbekannter, sind Sie so liebenswürdig, machen Sie einen Spaziergang und kommen Sie abends wieder?" Eher würde ich mich lebendig begraben. Auch wäre meine Bitte vergebens: eine so schöne Gelegenheit wird er sich nicht entgehen lassen ...

Der Direktor schickte seine Schützlinge ins Freie: Zeit für den Unterricht. Schweren Herzens folgte ich meinen Schülern. Ich wußte mich verloren, es war nichts mehr zu ändern: die Würfel sind gefallen.

Der Clochard setzte sich links neben mich. Die Schüler lagerten im Halbkreis um einen riesigen Baum mit altersschwachen Ästen und beobachteten uns aus schelmischen Augen. Der Clochard verschüchterte mich, ganz klar, doch begriffen sie nicht recht, warum. Sie schwatzten durcheinander und machten abfällige Bemerkungen über ihn – zweifellos auch über mich. Ich forderte Ruhe und war mir dabei bewußt, alles vergessen zu haben; ich wußte nicht einmal mehr, welches Kapitel heute an der Reihe war. Im letzten Moment, als ich eben den Unterricht eröffnen wollte, berührte mich der groteske Greis am Arm und kündigte mir trocken an, er habe beschlossen, an meiner Stelle zu sprechen. Schallendes Gelächter der Schüler erfüllte den Park. Ich war erleichtert wie nie zuvor. Der Redner räusperte sich:

„Ich weiß, ihr studiert die Tragödie Hiobs. Ich schlage vor, wir lassen ihn seine Wunden verbinden. Ich habe den Eindruck, daß man ihm hier in den letzten Wochen etwas übel mitgespielt hat."

Er warf mir einen schrägen Blick zu: habe ich den Schlag eingesteckt? Ich senkte den Kopf. Meine treuen Schüler schätzten den Humor meines Vertreters; nicht mehr über ihn, über mich lachten sie jetzt.

„Folgender Vorschlag", fuhr der Redner ernsthaft fort: „Jeder nennt mir das Thema, das ihm am Herzen liegt: ich werde sie alle en bloc behandeln. Eine Bedingung nur: richtet es ein, daß sich die Fragen nicht überschneiden. Ich habe einen Abscheu vor Wiederholungen."

Das rhetorische Spiel wurde zu einer unvergeßlichen Erfahrung. Die Bibel, der Midrasch, der Zohar: von allen Seiten prasselten die Fragen herein. Um den Beweis bis ins Absurde zu treiben, warfen einige das Problem der Atombombe, der internationalen Politik und des mittelalterlichen Aberglaubens auf. Der Greis machte keine Notizen. Mit gesenkten Wimpern lauschte er. Ohne eine Bewegung anzudeuten, ohne Vorbemerkung ging er auf den Themenkomplex los und erörterte jedes Problem gesondert und alle zugleich. Seine Stimme klang heiser und unangenehm, niemand bemerkte es. Wir hörten ihm zu, unsere Geister entflammten sich; angehaltenen Atems wurden wir verwandelt und in ein einzigartiges Universum versetzt, wo Lebewesen und Dinge ihre Schleier heben, wo der Mensch durch die ausschließliche Kraft des Wortes, auch der Nuance, die Macht und die Verpflichtung entdeckt, das Chaos aufzulösen, das vor jeder Schöpfung liegt und ihr häufig folgt. Plötzlich erkannte jeder, daß die wie zufällig, nur durcheinander genannten Themen in Wirklichkeit mit einem Zentrum, mit der gleichen Heimstätte der Klarheit verbunden waren. Ja, die Tat Kains enthielt in sich die Tat Titus'. Ja, das Opfer Isaaks verwies auf das Menschenopfer, der Gesang Davids erinnerte an den Gesang Jeremias': *hafoch ba vehafoch ba dekula ba,* die Thora ist ein Ganzes, und alles befindet sich in der Thora. Warum ist der erste Buchstabe des *Breschit* – des ersten Buches des Pentateuch – *Beit* und nicht *Alef?* Weil der Mensch zu schwach ist, um den Anfang zu machen: jemand hat bereits vor ihm begonnen. Jakob hat das Exil gewählt, damit Moses für die Freiheit stimmen konnte. Wer sich umdreht und die Gipfel des Gebirges sieht, der weiß, daß der Anfang das Ende vorbereitet, daß der Mensch auf seinen Schöpfer, der die Thora studiert, einwirken kann.

In der Ferne hatte der Kirchturm des Dorfes seit langem Mitternacht geschlagen, doch der unermüdliche Redner sprach noch immer und setzte seinen Gedanken tausend Lichter und tausend Schatten auf; und unser aller Gebet war seine

Stimme, die nicht einhielt – nicht vor dem Kommen des Messias.

Das fahle Morgengrauen überraschte uns; wir waren von einem fremdartigen Glück erfüllt: gemeinsam sind wir einen langen Weg gegangen und haben an einem seltenen, vielleicht einzigartigen Schauspiel teilgenommen: dem Sieg des Menschen über die Nacht. Keine Spur von Müdigkeit. Die Gesichter strahlten vor Stolz. Und doch haben meine fanatisch frommen Schüler eine Sünde begangen: erstmals in ihrem Leben vergaßen sie, das Nachtgebet zu sprechen.

Der Meister ließ sich überreden, seinen Aufenthalt im Schloß zu verlängern. Um einen Tag, um eine Woche. Mich forderte zwar niemand auf, meine Rückfahrt zu verschieben, ich blieb dennoch.

Von morgens bis abends, oft bis Mitternacht und länger faszinierte uns der Meister. Wir waren seiner Gnade ausgeliefert, er nahm von unserem Wesen Besitz und gab es unkenntlich geformt zurück.

Wir schrieben den Monat Av, und gemäß der Tradition sprach er über die Zerstörung des Tempels. Ich glaubte die Legenden, die sich um dieses Thema ranken, zu kennen, doch in seinem Mund nahmen sie eine neue Bedeutung an: sie festigten unseren Stolz, einem Volk anzugehören, das seine eigene Geschichte überlebt hat und sie immer noch so lebendig und dursterregend aufrechthält. Er sprach über den Untergrundkrieg, der damals überall in Palästina aufflackerte: die Engländer wollten ein Mitglied der Irgun hinrichten. Der Meister verlieh ihm die Attribute eines Heiligen und stellte ihn neben Rabbi Aqiba, der unter der Römerherrschaft als freier und mutiger Mensch zum Ruhme Gottes in den Tod gegangen ist. Ihm, meinem Lehrer, verdanke ich es, daß ich mich später der israelischen Jugend anschloß, die um ihre Unabhängigkeit kämpfte.

Am Tage der Abreise fragten ihn die Schüler, ob er wiederkomme.

„Vielleicht."

„Wohin gehen Sie? Auf welches Abenteuer, zu welcher Entdeckung?"

„Das geht euch nichts an", versetzte er gereizt.

Sie wandten sich zu mir:

„Und du, kommst du wieder?"

Ich sagte:

„Nein."

Die Begegnung mit dem Meister hatte meine Lehrerlaufbahn beendet, ich wurde wieder ein Schüler. Gemeinsam verließen wir das Schloß; die Schüler begleiteten uns zum Bahnhof.

Im Zug nach Paris teilte ich ihm mit, daß ich entschlossen sei, ihn nicht mehr zu verlassen. Er widersetzte sich.

„Ich brauche Sie", sagte ich.

„Wer sagt dir, daß du fähig bist, mir zu folgen, daß du es verdienst?"

„Ich."

„Du?" schnaubte er. „Hältst du dich für deinen eigenen Herrn? Hörst du deine eigene Stimme? Woher nimmst du diesen Stolz?"

„Von Ihnen."

Wütend überhäufte er mich mit Beleidigungen, aber ich kapitulierte nicht. Schließlich hatte ich gewonnenes Spiel. Als wir den Nordbahnhof in Paris verließen, folgte ich ihm festen Schrittes.

„Wohin gehst du?"

„Mit Ihnen."

„Und wenn ich nein sage?"

„Werde ich Ihnen trotzdem folgen."

Eilig fügte ich hinzu:

„Sie haben mich den Sinn der Freiheit gelehrt."

Sein häßliches Gesicht färbte sich scharlachrot, gleich würde er mich bespucken; er beruhigte sich.

„Du bist ein Dickschädel", brummte er geringschätzig. „Aber ich mag es, wenn die Juden starrköpfig sind."

Dann, mit entmutigender Handbewegung:

„Gut, begleite mich ein Stück."

Sofort fing er sich wieder: „Aber nicht jetzt. Ein andermal. Ich besuche dich."

„Wann?"

„Keine Ahnung."

„Wann?"

„Bald."

„Morgens? Abends?"

„Wie soll ich das denn jetzt schon wissen?"

Vor der Metrostation ließ er mich stehen und verschwand. In meinem schäbigen kleinen Zimmer an der Porte Saint-Cloude wartete ich auf ihn. Zweifel plagten mich: wird er sein Versprechen halten? Ich traute mich nicht, mein Zimmer zu verlassen, nicht einmal für einen Sprung in die Bäckerei. Drei Tage später klopfte er an die Tür. Er schaute sich im Zimmer um, warf einen gereizten Blick auf die Bücher und bedeutete mir, ich solle mich auf das Bett setzen. Er nahm auf dem einzigen Stuhl Platz.

„Sieh mich an und hör zu, ohne mich zu unterbrechen."

Er kam zweimal die Woche, nie am gleichen Tag, nie zur gleichen Stunde. Manchmal kam er früh am Morgen, wenn die Stadt noch schlief; ein andermal schien er die Abenddämmerung hinter sich herzuziehen. Er blieb drei Stunden, vier, fünf oder sechs Stunden; einen Tag oder ein Jahrhundert, für ihn war es das gleiche: er leugnete die Zeit. Kaum angekommen, begann er über das Thema zu sprechen, das ihn an diesem Tag beschäftigte. Und jedesmal erfaßte mich die gleiche Verwunderung.

Später erfuhr ich, daß er in dieser Zeit noch andere Schüler hatte, unter ihnen Emmanuel Levinas, denen er ebenso viele Stunden wie mir widmete. Woher nahm er die Zeit und die physische Kraft, eine derartige Arbeit zu bewältigen? Nie sah ich ihn essen, schlafen oder lesen; doch er hielt sich fabelhaft und schien über alles unterrichtet zu sein, was sich in den verschiedensten Bereichen des täglichen Lebens ereignete. Öfters ließ er sich eine Woche oder länger nicht sehen; unverändert tauchte er wieder auf.

Drei Jahre war ich sein Schüler, und heute weiß ich über

ihn nicht mehr – wahrscheinlich weniger – als damals in der kleinen Synagoge in der Rue Pavé, wo ich ihn eines Abends zum ersten Mal sah.

Eines Tages erfuhr er, daß ein chassidischer Großrabbi, der auf dem Weg in die Vereinigten Staaten war, in Paris eingetroffen sei. Gläubige aus London und Zürich, Antwerpen und Frankfurt fuhren in die französische Metropole, um ihn zu begrüßen, einen Rat zu holen oder seinen Segen zu erflehen.

„Kennst du ihn?" erkundigte sich mein Lehrer.

„Ja, er kommt aus unserer Gegend, aus Siebenbürgen. Vor dem Krieg habe ich ihn von weitem gesehen. Er ist nicht mein Rabbi, meiner war in Wizsnitz."

„Was wirfst du ihm vor, diesem Rabbi?"

„Nichts, nur hat er während des Krieges nicht gelitten – nicht genug gelitten."

„Und du? Hast denn du genug gelitten?"

„Nein, nicht genug, doch ich bin kein Rabbi, ich habe keine Schüler."

„Was verstehst du davon?"

Gleich würde er einen seiner vergifteten Pfeile auf mich abschießen, doch er hielt sich zurück:

„Du mißt dem Leiden zu große Bedeutung bei."

Ich wartete auf die Fortsetzung, sie blieb aus. An diesem Tag verschonte er mich, der Rabbi beschäftigte ihn.

„Ich will ihn kennenlernen", äußerte mein Lehrer.

„Das wird nicht einfach sein."

Der Rabbi war in einem großen Luxushotel am rechten Ufer abgestiegen. In den Gängen drängten sich die Leute; stundenlang standen sie Schlange für ein Gespräch von kaum fünf Minuten. Vor Betreten des Salons, in dem der heilige Mann thronte, mußte man im Vorzimmer dem Sekretär eine Banknote zustecken. So war es der Brauch: um den Rabbi in Person zu sehen, mußte man vorher ein gutes Werk vollbringen; mit einer mildtätigen Gabe etwa konnte man sich diese Ehre verdienen.

„Komm mit mir", befahl der Meister. Ich befürchtete das Schlimmste. Würde der Portier einen Clochard mit seinem

Diener einlassen? Niemand versperrte uns den Eingang. Ein Page, der uns erblickte, sagte unverzüglich: „Zweiter Stock." Dreihundert Personen drängten sich im Gang. Mein Lehrer bahnte sich einen Weg zum Sekretär.

„Ich will ihn sehen."

„Stellen Sie sich an wie jeder andere!"

„Ich bin nicht, was du ‚jeder andere' nennst."

„Dann werden Sie ihn eben nicht sehen."

„Wirklich?"

Er riß ein Blatt aus meinem Block und kritzelte einige Worte darauf.

„Ich befehle dir, diese Botschaft dem Rabbi zu überbringen, sonst verfluche ich dich."

Der Sekretär gehorchte. Seltsamer noch: der Rabbi erschien und bat meinen Meister, ihn in sein Zimmer zu begleiten. Sie blieben einige Stunden allein hinter verschlossenen Türen. Der Inhalt ihres Gesprächs ist niemals bekanntgeworden. Nachdem der Rabbi meinen Lehrer verabschiedet hatte, murmelte er nur einige Worte:

„Ich gebe zu, daß ein menschliches Wesen viel, sehr viel wissen kann, aber wie können Sie es *verstehen?*"

Später fragte ich meinen Lehrer:

„Was haben Sie auf den Zettel geschrieben? Welche Botschaft?"

„Das geht dich nichts an."

„Ich würde gerne gewisse Türen öffnen."

Er wurde wütend:

„Das kann man nicht lernen. Willst du mich imitieren? Durch Nachahmen kannst du nichts öffnen. Man kauft keine Schlüssel, man schmiedet sie selbst. Was meine Kraft ausmacht, kann bei dir nur Todesangst erwecken. Die Pflicht des Schülers ist es, seinem Lehrer zu folgen und nicht, ihn zu kopieren."

Glücklicherweise verflogen seine Zornesausbrüche schnell. Der Zorn entrückte ihn für die Dauer eines Blitzes und führte ihn erleuchtet zu sich selbst zurück.

Ein einziges Mal schlug er vor Wut schäumend die Tür hinter sich zu. Es war mein Fehler gewesen. Ich hatte sein Heiligtum geschändet: ich hatte ihm die Frage gestellt, die noch heute in meinen Träumen spukt:

„Wer sind Sie? Wen verstecken Sie? Warum machen Sie ein Geheimnis daraus? Glauben Sie wirklich, es sei die Pflicht des Menschen, sich in sich zu neigen, anstatt sich dem anderen zu öffnen?"

Er erstarrte. Sein Atem röchelte, und auf seinem Gesicht erschien ein grausamer Zug. Schweigend musterte er mich und suchte nach einer Möglichkeit, mich zu erreichen, vielleicht mich zu töten. Von Panik erfaßt, versuchte ich mich zu rechtfertigen: „Nehmen Sie es mir nicht übel. Ich wollte nicht neugierig oder indiskret sein. Ich möchte einfach wissen, wer Sie sind – für später, vielleicht für meine Kinder, damit ich ihnen sagen kann, wer der Mann war, der solchen Einfluß auf ihren Vater ausübte."

Mit einem Sprung war er auf den Beinen und schwang seine Faust in meine Richtung. Sein Zorn barst:

„Und wer sagt dir, daß es ein ‚Später' gibt? Du erlaubst dir, mich aufzulösen und von mir in der Vergangenheitsform zu sprechen?" Er hatte sich nicht mehr in der Gewalt: wie ein Besessener raste er von einer Wand zur anderen und stieß spitze Schreie aus.

Zehn Tage war er verschwunden. Ich war überzeugt, ihn nie wiederzusehen. Doch er kam, und als sei nichts vorgefallen, setzte er seinen Vortrag genau an der Stelle fort, wo wir ihn abgebrochen hatten. Von nun an hütete ich mich, seine verbotenen Zonen zu betreten. Ich dachte: wenn er sich mir anvertrauen will, wird er nicht auf meine Fragen warten. Heute glaube ich, daß ich unrecht hatte: ich hätte standhaft bleiben müssen, vielleicht wartete er darauf. Manchmal glaube ich, daß sein Zorn nur Theater war.

Er verließ mich 1948, ohne mir *Auf Wiedersehn* oder *adieu* zu sagen. Die letzte Unterrichtsstunde war wie die anderen, sein Verhalten verriet nicht, daß er beabsichtigte, unsere Verbindung abzubrechen. Er war nicht fröhlicher und nicht trauriger als gewöhnlich. Wie immer begleitete ich ihn zur Metrostation, und wie immer gab er mir auf den Heimweg seinen Rat mit:

„Überdenke meine Worte und versuche, sie zu zerstören."

Er drehte sich nicht um.

Eine Woche verging; er ließ nichts von sich hören. Eine weitere Woche: niemand klopfte an meine Tür. Erfolglos suchte ich ihn in allen Synagogen; in keinem Krankenhaus war ein Patient eingeliefert worden, auf den seine Beschreibung zuträfe.

Ich sah ein, daß es hoffnungslos war. Man soll nicht gegen seinen Willen und seine Freiheit handeln. Unsere Beziehungen konnten nur einbahnig sein.

Ohne Arbeit, ohne Halt und ohne Freunde, beschloß ich, Frankreich zu verlassen. In Israel wurde gekämpft, ich brannte darauf, in dieses Land zu fahren, hier hielt ich es nicht mehr aus. Später erst, viel später erfuhr ich, daß auch er dem gleichen Ruf gefolgt war.

Ich blieb nicht lange im Heiligen Land, auch er nicht. Die Reisen zogen mich unwiderstehlich an; ich verfolgte jemand, ohne zu wissen, wen. Heute glaube ich, daß es der irrende Jude war. Unsere Wege kreuzten sich nicht mehr, obwohl auch er wieder den Pilgerstab ergriffen hatte.

Ab und zu treffe ich einen Freund, der ihn in den dreißiger, vierziger oder fünfziger Jahren gekannt hat – in Paris, Jerusalem, New York oder in Algerien. Wir verbringen eine weiße Nacht, um sein Bild zu beschwören. Manchmal erzählt mir ein Unbekannter von ihm: wir werden Freunde.

Kürzlich berichtete mir im Flugzeug von Buenos Aires nach New York ein Passagier, daß in den frühen sechziger Jahren in Montevideo eine bizarre Gestalt aufgetaucht sei. Mein Lehrer führte dort das gleiche Leben wie in Frankreich. Seine äußere Erscheinung und seine intellektuelle Ausstrahlung haben sich nicht verändert. Das leidenschaftliche Geheimnis, das ihn umgibt und beherbergt, ist nicht zerbrochen. Heute demonstriert er seine Überlegenheit über die Gelehrten und Rabbiner, morgen verrichtet er die Arbeit eines Küsters und verlangt, daß man ihn der Knechtschaft und Demütigung unterwerfe. Und noch immer wußte man nicht, was ihn dazu trieb, so viele Seelen zu verwirren, welche Mächte er herausforderte. Überall breitete sich bei seinem Erscheinen Schweigen aus, die Menge wich zurück, und die verängstigten Herzen begannen heftig zu schlagen – als stände man vor einem Menschen, der weiß, warum wir leben und sterben.

Häufig erfaßt mich der glühende Wunsch, das nächste Flugzeug nach Uruguay zu nehmen, um ihn ein letztes Mal zu sehen und ihn dem Bild gegenüberzustellen, das ich von ihm in meinem Gedächtnis bewahrt habe. Mich überkommt das Bedürfnis, daß er mich wieder aufrüttle und mich zwischen Himmel und Erde stelle, damit ich sehe, was sie einander näherbringt und was sie trennt.

Doch ich habe Angst. Wird er dem gleichen, der in der kleinen Pariser Synagoge und im Schloßgarten von Taverny mein Leben erschüttert hat? Paris hat sich verändert, auch Taverny, unsere Schüler haben sich verändert: die einen sind ihrerseits Rabbiner geworden, die anderen auf den Schlachtfeldern in Galiläa, im Negev oder in Jerusalem gefallen. Auch ich habe mich verändert. Er ist der gleiche geblieben. Selbst das Menschenopfer hätte seine Ganzheit nicht abtragen können.

Das verwirrt und erschreckt mich: sind die Ereignisse, die mein Leben erschüttert haben, flüchtig und bedeutungslos? Habe ich also unter dem Zeichen des Irrtums gelebt?

Wenn ihm die Vergangenheit und die Zukunft nichts bedeuten, sind dann für ihn auch der Tod und der Tod einer Million jüdischer Kinder nichtig? Gott ist vielleicht tot, doch er weiß es nicht; und weiß er es, so handelt er, als ob es ihn nicht beträfe …

Das läßt mich jedesmal zittern, wenn ich ihn mir in Montevideo vorstelle, wo er mich erwartet, wo er mich ruft: ich habe Angst, in seine Legende einzugehen, diese Legende, die uns verdammt: mich zum Zweifel, ihn zur Unsterblichkeit.

Die letzte Rückkehr

Irgendwo im fernen Siebenbürgen, im Schatten der Karpaten, nahe der launenhaftesten Grenze des östlichen Europas, war einmal eine kleine, staubige Stadt: Sighet. Sie scheint ihren Namen im geheimen zu tragen, als fürchte sie, er könnte ihr wieder genommen werden.

Eine Stadt wie viele andere, und doch unterscheidet sie sich von anderen Städten. Friedlich und ergeben, scheint sie zu ihrem eigenen Vergessen versteint zu sein, und zu der Scham, die aus diesem Vergessen hervorgeht. Sie hat ihre Vergangenheit verleugnet, doch ist sie ihrem Griff ausgesetzt. Verdammt, außerhalb der Zeiten zu leben, atmet sie nur noch im Gedächtnis derer, die sie verlassen haben.

Diese Stadt war meine Stadt, heute nicht mehr. Sie hat sich dennoch nicht verändert. Oder kaum. Ich habe die niedrigen, grauen Häuser wiedergefunden; das erstickte Murmeln ihrer Flüsse; den Widerhall der Schritte auf dem Pflaster, vor allem bei Nacht, bei Aufziehen des Morgengrauens. Noch immer liegen die Kirche und die Metzgerei einander gegenüber. An der Ecke des engen Marktes scheint die verlassene Synagoge auf jemanden zu warten, der kommen soll und nicht kommen wird.

Weil sie ihrem Bild treu geblieben ist, scheint mir meine Stadt nun fremd zu sein. Um sich zu gleichen, hat sie sich verraten. Sie hat kein Recht auf ihren Namen, auf ihr Gesicht. Eine Stadt ohne Schicksal. Sighet ist nicht mehr Sighet.

Seit langem brannte ich, mich dorthin zu begeben. Für eine Woche, eine Stunde, einen Augenblick: für die Zeit eines Blikkes. Ein letztes Mal wollte ich sie wiedersehen, ein Kind wieder werden, dann erneut gehen. Für immer. Ohne Bedauern, ohne Gewissensbisse, ohne Bindung. In unserer Zeit spielen Entfernungen trotz des eisernen Vorhanges keine Rolle mehr. Jedermann kann irgendwo abreisen und meine Stadt aufsuchen, über Bukarest–Cluj–Baia Mare, mit dem Flugzeug, Zug oder Auto. Für mich war die Reise länger, beschwerlicher, es war eine der Reisen, die man nur einmal in seinem Leben unternimmt. Sie sollte mich nicht an das Ende der Nacht, sondern zu ihrem Beginn fahren. Dorthin, wo alles begann, wo die Welt ihre Unschuld und Gott seine Maske verloren.

Von Sighet bin ich nach Sighet aufgebrochen.

Zwanzig Jahre sind eine lange Zeit: die Hälfte oder das Drittel eines Lebens. Während dieser Zeitspanne habe ich nichts anderes getan, als mich auf diese Reise vorzubereiten. Freudlos, im Gegenteil, angsterfüllt. Ich wußte, daß diese Reise mein Leben in zwei Hälften aufteilen würde. Es würde ein Vorher und ein Nachher geben. Besser: es würde kein Zuvor mehr geben.

Was erwartet mich bei der Ankunft? Die tote Vergangenheit oder die auferstandene Vergangenheit? Die Trostlosigkeit der Ruinen oder die Blasphemie einer wiedererbauten Stadt? Beides wäre die Rechtfertigung der Verzweiflung, die Sicherheit des Bösen. Man versetzt nicht ungestraft Gräber. Das Geheimnis des Anfangs ist der Todesengel, sein Schutzengel. Man nähert sich ihm nur durch den Preis eines Opfers: das Opfer des letzten Bandes, der letzten Illusion. Man zerstört seinen Glauben oder seine Vernunft. Für nichts. Das Spiel ist verloren, unmöglich zu gewinnen. Es gibt nichts mehr zu gewinnen.

Nach der Befreiung Buchenwalds wollten mich die Amerikaner repatriieren. Ich widersetzte mich, ich wollte nicht allein ein verlassenes Haus bewohnen. Sie bedrängten mich:

„Was, du weigerst dich heimzukehren?" Ich hatte kein Zuhause mehr.

„Bist du nicht neugierig, den Ort wiederzusehen, wo du geboren bist, deine Kindheit verbracht, wo du zum erstenmal die Melancholie entdeckt hast und die Erfüllung, die die über den Gipfeln aufgehende Sonne ausstrahlt?"

Nein, ich verspürte nicht diese Neugier. Diese Stadt, von der sie sprachen – es gab sie nicht mehr. Sie ist den Juden in die Deportation gefolgt.

Ich zog es vor, nach Frankreich zu gehen. Überall irrte ich umher: in Israel, in Amerika, im Fernen Osten. Weit weg, so weit wie möglich. Von einem Land zum anderen, von einer Erfahrung zur anderen, ohne zu wissen, ob ich mich von meiner Stadt entfernen oder ihr näher kommen wollte. Sie suchte mich heim, überall sah ich sie. Sie erfüllte meine Träume und trübte meinen Blick auf die Welt, auf die Menschen und auf mich selbst. Ich wollte mich von ihr befreien und wurde ihr Gefangener. Je mehr die Jahre vergingen, desto mehr faszinierte und erschreckte mich die Stadt. Alles hätte ich gegeben, sie wiederzusehen und ihr sofort von neuem zu entkommen. Meine Ängste und meine Hoffnungen waren vielfältig und widersprüchlich.

Manchmal sagte ich mir: der Krieg, die Feuerwolken, die Schreie in der Nacht, die Hand in Hand ins Schlachthaus gehenden Kinder – alles nur ein böser Traum; beim Erwachen, im Augenblick der Rückkehr, würde ich den Ort wiederfinden, wie ich ihn gekannt habe: mit seinen Talmudisten, seinen Händlern, Spitzbuben, Dieben und Dichtern, Bettlern und Verrückten. Und ich würde mich schuldig fühlen, ihren Tod geträumt zu haben.

Ein andermal sagte ich mir: ich würde der einzige sein, der zurückkehrt und durch die Straßen streift, allein und ziellos, ohne einem bekannten Gesicht oder einem offenen Blick zu begegnen. Die Einsamkeit würde mich in den Wahnsinn treiben.

Wiederholt wollte ich diese Reise antreten. Wisse, wo du herkommst und wo du hingehst, lehren uns die Weisen. Doch im letzten Augenblick fand ich immer einen Vorwand, die Fahrt zu verschieben. Mir fehlte der Mut. Gedanken drängten sich auf: „Wer weiß, vielleicht habe ich meine Stadt niemals verlassen?“ Oder: „Sie hat niemals außerhalb meiner Phantasie existiert.“ Oder: „Vielleicht ist das ganze Universum nur eine maßlose Projektion meiner Stadt.“

Und eines Tages entschied ich, daß zwanzig Jahre genug seien. Ich machte mich auf den Weg: komme, was wolle. Sieger oder Besiegter: der Weg bleibt der gleiche.

Ich weiß nicht, ob ich recht gehandelt habe, werde es zweifellos niemals wissen. Ich habe die aufgesucht, die mich hätten beraten können; ich habe sie nicht angetroffen, sie waren nicht zurückgekehrt.

Von einer hohen Gebirgskette und zwei Flüssen begrenzt, hat Sighet alle politischen Erschütterungen und militärischen Besatzungen des Jahrhunderts überlebt. Zunächst Teil des österreichischen Kaiserreiches, fiel es an Ungarn, das es Rumänien überließ, um es sich zu Beginn des Zweiten Weltkriegs wieder einzuverleiben. Dann fiel Deutschland die Ehre zu, dort zu herrschen, was der UdSSR erlaubte, es ihm zu entreißen, um das Land wieder Rumänien zuzuteilen.

Meine Route ging über Bukarest, wo ich das Flugzeug nach Baia Mare nahm. Dort mietete ich ein Taxi. Sechzig Kilometer, zehn Stunden, fünfzehn Dollar. Trotz der Genugtuung, so viel Geld in so kurzer Zeit zu verdienen – den Wochenlohn eines Facharbeiters –, wirkte der Chauffeur mißmutig. Er fuhr nicht gerne nachts auf holprigen und schlechtbeleuchteten Straßen.

„Kennen Sie Sighet?"

„Ja."

„Wie finden Sie die Stadt?"

„Eine Stadt eben, das ist alles."

„Sagen Sie, wie sieht sie aus?"

„Da gibt es nichts zu berichten."

„Leben dort noch Juden?"

„Juden? Kenne ich nicht."

Er war nicht zum Reden aufgelegt, nur zum Fluchen. Und ich wußte nicht, wen er in seinen Bart hinein verfluchte, mich, die Stadt oder die Juden, die er nicht kannte.

Ich aber habe viel zu erzählen. Seit ich Sighet verlassen habe, verbringe ich meine Zeit damit, über die Stadt zu erzählen, die mir alles gegeben und alles genommen hat. Die Stadt der ersten Fragen, der ersten Angst, der ersten Offenbarung. Dort lernte ich, auf ein Ziel zuzugehen, dann den Weg dem Ziel selbst vorzuziehen, dort erfuhr ich die Macht des Gebets und die Macht der Stille.

In tiefgläubigem Milieu aufgewachsen, erstrebte ich nur gläubigen Eifer, der jeden Augenblick meines Lebens beherrschen sollte. Ich war der Schüler des Wizsnitzer Rebbe, doch ich ging auch regelmäßig zu anderen Rabbinern, lauschte ihren Erzählungen und behielt ihre Lieder im Gedächtnis. Später war ich Schüler eines Kabbalisten und lebte in seinem Schatten. Um Mitternacht stand er auf und streute sich eine Handvoll Asche auf die Stirn; auf dem Boden kauernd, beklagte er mit murmelnder Stimme die Zerstörung des Tempels in Jerusalem und das Leiden der Schekina, auch sie im Exil – wie wir und mit uns. Ich war noch zu jung und konnte mir nicht vorstellen, daß der Tempel bald sechs millionenmal zerstört werden sollte, daß das Leiden Gottes niemals dem Leiden der jüdischen Kinder gleichen konnte, die man bereits dem Scheiterhaufen übergab, während die Welt schwieg, wie der Der schwieg, der ihr Schöpfer genannt wird.

„Wir sind bald da", sagt der Chauffeur.

„Wo sind wir?"

Am Fuße des Gebirges, die Gefahr ist vorüber. Das Tal nimmt uns auf und hüllt uns ein.

Sighet: 40 km. Sighet: 30 km. Am Straßenrand ein Spalier windschiefer Hütten. Dörfer tauchen im Scheinwerferkegel auf; sogleich nimmt sie die Nacht wieder. In der Ferne einige Blinklichter. Sighet: 20 km. Der Wagen, ein alter Wolga, erhöht die Geschwindigkeit. Sighet: 15 km. Eine plötzliche Erregung schnürt mir die Kehle zu. Ich fühle, wie mir die Wirklichkeit entgleitet. Der Chauffeur ist kein gewöhnlicher Taxichauffeur mehr: wer hat ihn gesandt? Zu welcher geheimnisvollen Begegnung fährt er mich? Zur Begegnung mit dem Tod? Oder mit mir selbst? Sighet: 10 km. Sighet: 20 Jahre.

„Wir sind bald da", wiederholt der Chauffeur.

Er sagt es dumpf, wie einen Fluch.

Ich gehe in die Stadt, wie man in einen Traum eindringt:

gleitend, geräusch- und widerstandslos, auf das Beste und auf das Schlimmste gefaßt. Jetzt ist alles möglich: ich bin in dem Bereich, wo das Bekannte unbekannt wird, wo sich die Überraschungen aneinanderreihen und aufheben. Man glaubt, jeden Augenblick zu fallen und aufzuwachen, aber die Wirklichkeit will von uns nichts mehr wissen.

Ich breche in die Zeit ein, die in tausend Gesichter und tausend Lebensabschnitte zerfällt. Auf der einen Seite die Toten, auf der anderen ich. Frühjahr 1944, Herbst 1964. Der Massenauszug, die einsame Rückkehr. Die erste Station, die letzte Station. Mit dem Zug abgefahren, komme ich im Auto zurück. Jener Tag war heiß, jetzt ist der Winter nahe, es ist Nacht. Anfang und Ende begegnen sich, ihr feuriger Kreis wird enger und enger: ich bin gefangen.

„Wir sind da", sagt der Chauffeur. Er gehört nicht in dieses Bild, einen Augenblick lang erkenne ich ihn nicht. Mit offener Hand fordert er sein Geld; er hat es eilig, er muß nach Baia Mare zurück.

„Sind Sie sicher, daß wir in Sighet, der ehemaligen Hauptstadt von Maramures, sind?"

Er bestätigt es, doch ich schenke ihm keinen Glauben. Die Stadt sieht wie Sighet aus – das ist alles. Das beweist nichts. Hier die Hauptstraße, der Hauptplatz, das Kino, das Hotel, das Mädchenlyzeum. Gegenüber die sogenannte Judenstraße; rechts die Kaufhäuser; weiter hinten, links, das Gerichtsgebäude. Hat sich nichts verändert? Nichts. Warum halte ich es dann für ein Mißverständnis, für eine Farce? Man hat mich getäuscht: zu seinem Vergnügen hat mich der Chauffeur in einer fremden Stadt, die mir nicht gehört, abgesetzt.

„Sind Sie wirklich sicher?"

Er beschwört es grinsend: ich glaube ihm nicht, ich glaube mir selbst nicht. Seine Stimme und seine Augen lügen. Diese Stadt lügt. Sie heißt Sighet, was weiter? Das hat nichts zu sagen: ein falscher Name, eine falsche Identität. Das wahre Sighet liegt jenseits des Horizonts, irgendwo in Oberschlesien, in der Nähe eines bizarren kleinen Bahnhofs, bei einem großen Feuer, das in den Himmel schlägt, Sighet ist ein Viertel einer unendlichen Aschenstadt.

Der Chauffeur wird ungeduldig, meine Hirngespinste interessieren ihn nicht. Ich schicke ihn zurück. Er bedankt sich und wünscht mir einen angenehmen Aufenthalt. Jetzt bin ich allein in der Stadt, allein in der Nacht. Ich verbinde Stadt und Nacht. Laut sage ich: „Meine Stadt, meine Nacht." Es ist spät, die Stadt schläft. Mir stockt der Atem. Ich stehe auf dem Fußweg, den Rücken dem Hotel zugekehrt, unfähig, einen Schritt zu machen. Ich versuche, mit dieser Stille, die meine Stille leugnet, in Einklang zu kommen, versuche, mich dem Heer der vom Gebirge abfallenden Schatten beizugesellen, den Schatten, die trippelnd alles überziehen, das geöffnet und geschlossen ist: die Stadt, die Nacht und mich – ihren Treffpunkt. Und das Gedächtnis, vor allem das Gedächtnis, das nicht genügend geöffnet und nicht genügend geschlossen ist. Ich schüttele mich: „Erinnere dich! Du bist wiedergekommen, um dich zu erinnern, nun gut, sieh und höre. Sagt dir der Hauptplatz nichts?" Als die Juden zum Bahnhof zogen, haben sie ihn umgangen. Die Polizisten, die den Weg wiesen, befolgten die Direktiven eines gewissen Adolf Eichmann, der persönlich erschienen war, um die Operation zu überwachen. Es galt, die Stadtmitte zu meiden, um die Einwohner nicht zu schockieren, die Christen mit empfindsamen Herzen nicht zu verwirren. Unnötige Vorsichtsmaßnahmen: unsere lieben Nachbarn waren bereits in die gähnend offenen Wohnungen eingedrungen – Beute gab es für alle, für jedes Bedürfnis, für jeden Geschmack. Die Plünderer hatten leichtes Spiel: die Polizei war anderswo beschäftigt. Nach einem stillschweigenden Übereinkommen stahlen die Reichen bei den Reichen, die Armen nahmen von den Armen. Doch man sollte nicht übertreiben: Ordnung ist Ordnung.

Jetzt bin ich in der Stadtmitte, auf dem Hauptplatz, allein wie nur ein Eroberer allein sein kann. Sie ahnten nicht, daß ich zurückkehren würde. Sieg über Henker und Richter. Warum aber diese Leere in mir, diese Unfähigkeit, etwas Stolz zu empfinden? Zu spät für Eroberungen und für den Stolz.

Ich bin nicht einmal traurig oder enttäuscht. So habe ich mir meine Rückkehr nicht vorgestellt. Wie dann? Ich kann es nicht sagen; ich habe das Gefühl, ich wäre nicht zurückgekommen.

Ich starre auf die Fassaden mit ihren verschwommenen Umrissen, die blinden Fenster, die Dächer, die hohen Kamine: ich suche einen Anhaltspunkt, eine Stütze. Nichts. Die Stadt entzieht sich dem Blick und der Helligkeit; sie löscht sich aus: die Begegnung wird nicht stattfinden, einer der Partner hat das Stelldichein verfehlt. Die Straße flößt Abwesenheit ein, der Platz Verlassenheit. Es ist nicht mehr die gleiche Stadt.

Ich bin nichts mehr sicher, ich stelle mich in Frage. Was habe ich gemein mit dem kleinen schüchternen, romantisch-religiösen Jungen, der hier vor zwanzig Jahren vertrieben wurde?

Das Schweigen. Am Tag des Auszuges lag über dem Hof der großen Synagoge, wo wir uns sammelten, das gleiche Schweigen. Die Militärpolizisten, eine Feder auf der Kappe, rannten in blinder Wut durcheinander, stießen Schreie aus und schlugen auf Männer, Frauen und Kinder ein. Weniger, um ihnen weh zu tun, sondern um ihr Schweigen zu brechen. Doch die Menge blieb stumm. Nicht ein Schrei, nicht ein Stöhnen. Ein am Kopf verletzter Greis rappelte sich mit verstörtem Blick hoch. Mit blutüberströmtem Gesicht marschierte eine Frau, ohne den Schritt zu verlangsamen. Noch nie hatte die Stadt dieses Schweigen gekannt. Kein Seufzer, keine Klage. Auch die Kinder weinten nicht. Die vollkommene Stille des letzten Aktes. Die Juden verließen die Bühne. Für immer.

Was dachte ich, als ich mit der Menge zum Bahnhof, zu den vergitterten Waggons ging? Daß das Schweigen gewinnen würde, daß es stärker sein würde als wir, stärker als sie, daß das Schweigen jenseits der Sprache und der Lüge liege, daß es seine Stärke aus diesem primitiven Kampf ziehen würde, der das Leben dem Verneinenden und die Brutalität dem Gebet gegenüberstellt? Ich weiß nicht, an was ich dachte. Ich weiß nicht einmal, ob ich der kleine Junge war, der seiner Kindheit, seinem Haus und seinem kindlichen Glauben den Rücken kehrte. Irgendwo auf der Strecke, zwischen der Synagoge und dem Bahnhof, zwischen dem Bahnhof und dem Unbekannten wurde er getötet. Vielleicht durch mich.

Es war spät, gleich Mitternacht. Ich mußte mich beeilen. Ich habe zu lange gezögert, nichts erledigt: keine Minute mehr zu verlieren. Schnell handeln. *Was* genau? Ich weiß nicht. Irgendwas. Irgendwas, das ich tun *muß,* das zu der Rückkehr, wenn nicht der Abreise, in einem Verhältnis steht. Vielleicht die Toten erwecken. Oder die Stadt in Brand stecken, damit die Armee der Schatten triumphiere. Oder einfach singen oder lachen, auf der Straße, in der Kälte, bis zum Morgen und bis zur Erschöpfung. Zunächst mußte ich ein Hotelzimmer nehmen und meinen Koffer abstellen. Der Eingang war abgebröckelt, die Treppe ohne Geländer, fahles Licht. Das ist also das berühmte Corona-Hotel? In meinen jüdischen Kinderaugen war es – von außen, von der Ferne gesehen – ein Palast, für Fürsten aus fernen Ländern reserviert: hohe Beamte auf Inspektionsreise, Offiziere des Generalstabs mit Sonderauftrag, steinreiche Amerikaner auf Besuch bei ihren Familien. Das Gebäude war das Symbol für unerreichbaren Luxus, für Ruhm, Unbekümmertheit, Freiheit, Laster und die verbotene Frucht.

Heute trägt das Hotel einen großsprecherischen Namen, zusammengesetzt aus den Schlüsselwörtern der kommunistischen Länder: Volk, Vaterland, Arbeiterklasse, Frieden, Sozialismus. Hinter diesem Namen verbirgt sich ein unpersönlicher, schmutziger, deprimierender Ort. Ohne Prunk und Komfort. Man hat das Kind, das ich war, belogen.

In seinem Glaskäfig auf der ersten Etage langweilt sich der in eine Decke eingemummte Portier. Ein verwüstetes, alters- und ausdrucksloses Gesicht. Ich verlange ein Zimmer, irgendeines. „Reservieren? Nein." Schade: kein Zimmer. „Ist das Hotel belegt?" – „Keineswegs, es steht leer." – „Ich verstehe nicht." Der Portier erklärt mir: „Das ist Vorschrift. Strikte Vorschrift." Ich stecke ihm ein Trinkgeld zu, und das regelt das Problem der Vorschrift. Jetzt muß ich das amtliche Anmeldeformular ausfüllen, so will es das Gesetz. Sighet ist eine Grenzstadt (auf der anderen Seite des Flusses erstreckt sich Sowjetrußland), es ist untersagt, hier vier Stunden zu verbringen, ohne die Militärbehörde zu unterrichten. In ein dickes Heft schreibt der Portier Name, Vorname, Beruf, Familienstand, Wohnsitz. Ich sage: „New York." Er läßt die Feder sinken und blickt mich an: „Sie kommen von New York? Nach Sighet?" Ich antworte: „Ja, von New York nach Sighet." Seine Verblüffung wächst, als ich ihm meinen Geburtsort angebe. Er begreift nichts von meiner Geschichte, ich auch nicht. Warum bin ich nach Sighet gekommen, was soll ich hier tun, so spät in der Nacht, so spät in meinem Leben? Schließlich weist er mich achselzuckend in mein Zimmer ein: „Wenn es Ihnen nicht gefällt, wählen Sie ein anderes." Als ich ein Handtuch verlange, fixiert er mich wieder verständnislos; mein Verhalten kommt ihm verdächtig vor. „Lassen Sie sich nicht stören; ich brauche kein Handtuch; auch habe ich keine Zeit, um mich zu waschen. Ich gehe gleich." Überzeugt, ich mache mich über ihn lustig, öffnet er den Mund, um mich was zu fragen, doch ich will es nicht hören, schon eile ich die Treppe hinunter, um an die frische Luft zu kommen, an den verlassenen, erloschenen Hauptplatz. Der Wind schlägt mir ins Gesicht, ich halte es ihm hin. Ich atme tief: was nun? Absurde Frage. Ein Leuchten, ein Zerreißen: im Haus, natürlich in meinem Haus. Endlich zu Hause. Die Rückkehr des verlorenen Sohnes. Richtet das Mahl an, den Wein und das Brot; zündet die Kerzen an, deckt den Tisch, öffnet die Türen für die Armen, die Bettler, die irrenden Seelen und die Verratenen! Auf daß Freude herrsche und sich Gesang aus voller Brust erhebe, auf daß der Friede die Lebenden und Überlebenden versöhne: liebet einander, freuet euch, das ist das Ende der Reise, das Fest des Sich-wieder-Findens. Vater, komm und hebe das Glas: du wirst später arbeiten; Mutter, laß die Küche: wir werden später essen; und du, kleine Schwester, lade deinen toten Freund zu uns ein: ihr werdet später spielen. Ihr alle, die ihr mich hört, erwartet mich draußen auf der Treppe in der Vorhalle des Kaufhauses: ich komme, hört mich, ich komme!

Wirst du den Weg finden? Nichts ist einfacher, meine Füße werden mich hinführen, wenn meine Augen im Dunkel nicht mehr sehen, nur noch das Dunkel sehen. Die Füße haben ein besseres Gedächtnis als die Augen; es stimmt, daß sie weniger gelitten haben; sie sahen nicht die Rauchwolken, die über die Sonne triumphierten, die Wolken, in denen sich eng aneinandergedrückt ein ganzes Volk immer höher erhob.

Langsam, vorsichtig taste ich mich vor. Das Feuerwehrhaus, wo ist das Feuerwehrhaus? Es müßte an der Ecke der Hauptstraße liegen: nichts zu sehen. Abgerissen, verschwunden. Und die Baracke am Eingang der Judenstraße? Der alte Semel verkaufte hier im Sommer wie im Winter seine Früchte: keine Baracke, keine Früchte, kein Semel mehr. Etwas weiter die Kirche. Als Kind wandte ich immer den Blick ab, wenn ich vorbeiging. Gott sei Dank! Sie ist noch da. Und das Haus? Mein Haus? Ruhe, Ruhe! In wenigen Augenblicken wirst du es wissen. Du wirst es sehen oder nicht sehen. Ich habe Angst. Ich habe das Verlangen, umzukehren und mich in den Zweifel zu flüchten. Zu spät. Das Räderwerk hat mich erfaßt, es gibt keinen Weg zurück. Nicht laufen, nicht vorwärts und nicht zurück: Laufen ist sinnlos geworden. Doch meine Füße versagen mir den Gehorsam; in dieser Nacht ist ihnen die Erde feindselig gesinnt, der Himmel zieht sie an. Ich laufe nicht mehr, ich fliege, ich bin der Engel, der über den Dächern schwebt. Ich fliehe die Nacht, und ich trage sie auf meinen Schultern; die Stadt flieht mich, und schließlich trage ich auch sie: Schornsteine, Bäume, Häuser, Wolken, Gefängnisse und Kasernen, alle fliegen wir zu einer entflogenen Stadt, einem entflogenen Haus, zu dem, der war und nicht mehr sein wird. Plötzlich erfaßt mich ein unwiderstehliches Verlangen, aus vollen Lungen zu schreien: „Daß die Schöpfung einstürze, daß die Nacht zerreiße, daß die Erde ein für allemal erbebe!" Doch ich habe keine Gewalt mehr über meinen Körper. Ich schreie, doch kein Ton kommt hervor. Ich schreie, doch ich höre mich nicht. Ich schreie, doch die ehrbaren Einwohner dieser friedlichen Stadt schlafen weiter, als sei nichts geschehen. Sie fürchten nicht die Stille der Nacht und des Morgengrauens.

Indessen renne ich wie ein Wahnsinniger nach seinem Wahnsinn. Mit zusammengebissenen Zähnen, den Tod in der Seele, entkomme ich dem Gesetz der Schwerkraft, allen beschränkenden Gesetzen. Ich weiß, ich würde zu spät ankommen – nach dem Tod –, doch anstatt einzuhalten, laufe ich schneller und schneller. Und ich wäre so bis an das Ende der Zeiten gelaufen, vollbewußt, daß ich eine unverbesserliche Dummheit begehe, daß niemand und nichts mich dort unten erwartet, in dem niedrigen, grauen Haus an der Ecke der beiden Straßen; wenn es noch steht, so soll es verflucht sein: Fremde wohnen darin. Hier ist es.

Plötzlicher Halt, ein brutales Erwachen; ich habe nur einen Wunsch: mich auf das Trottoir legen, ausruhen, zu Atem kommen, nicht mehr laufen, denken und schauen, nicht mehr ein Gespenst unter Menschen, einen Menschen unter Menschen spielen. Doch das ist nicht der geeignete Ort und Zeitpunkt. Ich schaue und lausche, wie ich noch nie in meinem Leben geschaut und gelauscht habe. Die Schatten, die geheimen Erschütterungen, die unvernehmbaren Geräusche: ich fange sie, vergifte sie, mache sie mir zu eigen; ich werde ihr Sarg oder ihr Resonanzboden sein, gleichviel, morgen wird man es erfahren, wenn es ein Morgen gibt, gleichviel.

In diesem Augenblick existieren nur die Straßen und das Haus: sie, die mir wieder gehören. Mehr als zuvor, mehr denn je. Meine Mauern, meine Bäume, meine Nachbarn, meine Zeugen, meine Mörder, meine Spielgenossen, meine Gefährten der Schule, des Kampfes und der Agonie. Hier, auf diesem kleinen Flecken Erde, habe ich den Sinn des Abenteuers entdeckt, das Brennen der Begierde, die Macht des Besitzes; hier habe ich sie verloren.

Lange schleiche ich wie ein Dieb um das Haus mit den zugezogenen Vorhängen; mir kommt der Gedanke, einfach an ein Fenster zu klopfen und die Mieter zu wecken: „Lassen Sie mich hinein, ich gehe morgen wieder, wenn es ein Morgen gibt." Ich weiß, ich werde es nicht tun, und das demütigt mich. Nahe dem Eingang bleibe ich stehen und warte auf ein

Wunder. Ich lasse meine Finger über den Gartenzaun und über die Hauswand wandern, ich warte, daß sie mir die verlorenen Dinge und zerfallenen Bilder wiedergeben. Ich fühle mich verwundbar und unbesiegbar zugleich. Alles kann ich tun, doch meine Taten werden sich nicht in die Zeit und in das Gewissen der anderen einschreiben. Ich kann die Vergangenheit beschwören, doch ich kann sie nicht auferstehen lassen: die Vergangenheit ist tot, ich bin allein. Alles würde ich geben, damit ein Kind zu weinen anfinge, eine Mutter ein Wiegenlied singe, damit dieses Wiegenlied eine Geschichte erzähle. Doch ich habe nichts zu geben, und die Nacht wird länger und erstickt jede Stimme.

Und doch hat sich auch hier nichts verändert. Erhalten das Haus gegenüber: der Borscher Rebbe wohnte dort. Nur schimmert kein Licht mehr durch die Fenster. Erhalten das Nebenhaus: der Selotfener Rebbe wohnte dort. Nur keine Gebete dringen mehr nach außen. Ausgezogen der eine wie der andere. Doch die Straße ist die gleiche geblieben, die Welt ist die gleiche geblieben, und Gott ist zweifellos auch der gleiche geblieben: nur ohne die Juden.

Ich sollte die Tür öffnen, durch den Hof gehen, die Vortreppe hoch, die Küche betreten. Wer weiß, vielleicht erwartet mich jemand am Ziegelofen, jemand, der mir keine Fragen stellt, sondern mir einen Stuhl anbietet, ein Glas Milch und ein Stück Brot vorsetzt, der sagt: „Du hast einen weiten Weg hinter dir, du bist am Ende deiner Kräfte, das Bett ist gerichtet, geh schlafen."

Und ich antworte mir selbst: „Nein, keinesfalls das, wecke nicht den, der in deinem Bett schläft, er wird dir nicht verzeihen, daß du lebend zurückgekommen bist. Wer weiß? Vielleicht schläft er nicht, vielleicht erwartet er dich, er weiß, daß du da bist; er lauert auf dich, zwanzig Jahre schon lauert er dir auf. Geh fort, verlaß die Stadt, das Land; es gibt dort für dich nichts mehr zu sehen und nichts mehr zu suchen."

Die Nacht schreitet fort, und ich erwarte ein Zeichen. Ich muß mich ein für allemal entscheiden. Ein letztes Mal. Es wird der letzte Schritt sein, doch ich wage ihn nicht. Von weither bin ich gekommen, um das Haus wiederzusehen, den Hof, den Garten und den Brunnen neben dem Keller – und jetzt, da sie in Reichweite sind, gelingt es mir nicht, die Schwelle zu überschreiten. Niemals ist der Hof so unzugänglich gewesen. Dunkel ahne ich, daß mein nächster Schritt mich verdammen wird.

Mit unendlicher Zartheit streichelt meine Hand den eisernen Türgriff, bevor sie ihn langsam dreht, während meine Schulter das Tor aufstößt, das ein vertrautes Knarren hören läßt. Vorsicht! Nichts. Ich erstarre, bevor ich weiter öffne. Ich lausche: kein verdächtiges Geräusch. Gehen wir. Ich gleite hinein und lehne mich mit meinem ganzen Gewicht gegen das zugefallene Tor. Meine Füße wanken, alles schmerzt, mein Herz schlägt zum Zerbrechen, mein Gesicht brennt: ich sehe alles und ich sehe nichts. Der Hof, unser Hof. Sieben Schichten Dunkelheit durchdringt mein Blick. Die Gegenstände haben den Gewittern und Ereignissen widerstanden. Nichts wurde verrückt. Das leere Faß am Kellereingang, der über dem Brunnen hängende leere Eimer, der Baum mit den vertrockneten Ästen, die in den Garten hinter der Mauer hinüberragen. Ein Stuhl auf der Vortreppe zur Küche. Vor dem Hühnerstall ein großer Trog voll Wasser. Alles erfaßt mein Blick, um es mitzunehmen: den Widerschein der Nacht auf den Fenstern, das Murmeln des Windes auf dem Scheunendach, der Atem des unbeweglichen Geistes, der mir auflauert und mich verurteilt, der alles versteht und der nichts versteht. Jetzt muß ich nur noch in die Küche gehen, in die Wohnstube, in das Schlafzimmer.

Ich habe es nicht getan, ich habe die Erkundigung nicht bis zum Ende durchgeführt. Das Bellen eines Hundes hat mich gerettet. Alles hatte ich erwartet, nur das nicht. Nie war ein Hund im Hause gewesen! Bei uns hatte man die jüdischen Kinder diese wilden Freunde des Feindes fürchten gelehrt – alle sind sie vom Teufel besessen, alle Antisemiten.

Ein alter Schrecken erfüllte mich. Ich riß das Tor auf, und in weniger als einer Sekunde war ich auf dem Gehsteig: von neuem ausgestoßen – durch einen Hund, den wahren Sieger dieses Krieges. Wie früher ergriff ich die Flucht. Ich rannte bis zur Hauptstraße und zum Großen Platz; mangels anderer Zuflucht warf ich mich auf eine Bank und bedeckte den Kopf mit den Armen. Der Schmerz, die Wut und die Schande, vor allem die Schande, blendeten mich. Nichts mehr wird zu verstehen sein.

Bald schwand die Nacht. Die Stadt öffnete sich den ersten Strahlen des blauen, zerbrechlichen Himmels. Ein neuer Tag brach auf den Gipfeln des Gebirges an.

Lange zuvor habe ich meine Rückkehr erlebt. Ich versuchte, sie in *Die Gezeiten des Schweigens** zu beschreiben. Die Wirklichkeit hat die Fiktion bestätigt. Sie ist nicht über die Fiktion hinausgegangen und hat sie nicht abgetragen. Rückblickend wird der Roman zum Bericht. Außer den nächtlichen Ausflügen fehlt nichts. Der Morgen brachte mir das Buch ins Gedächtnis zurück: es dient mir als Führer. Bei Tag erscheint mir die Stadt, wie ich sie geträumt habe: nackt, farblos, ohne Geheimnis.

Wie im Roman war es ein Herbstmorgen. Schönes Wetter. Eine gelbe Sonne zog am Himmel ihre Bahn. Gelb das Laub; gelb die Fassaden der Häuser; gelb die toten Blätter; gelb, traurig und niedergeschlagen die Männer und Frauen auf dem Weg zur Arbeit, zum Markt, zur Kirche; gelb die Kinder auf dem Schulweg.

Ich beobachtete die Leute, die mir entgegenkamen: werde ich einen erkennen? Einen Freund? Einen Feind? Einen Nachbarn? Nie gesehen. Ich kannte sie nicht, und sie kannten mich nicht. Die einen blickten mich abwesend an, ohne mich zu sehen: die anderen sahen mich, ohne mich im Vorbeigehen anzublicken. Keiner sprach mich an, keiner blickte zur Seite. Keine Bewegung des Erstaunens oder der Zusammengehörigkeit. Nichts. Sie zeigten weder Genugtuung noch Enttäuschung: meine Rückkehr betraf sie nicht. Ich habe überlebt, das ist meine Sache, nicht ihre. In ihren Augen war ich keine

* Freiburg i. Br. 1987.

Person, nicht einmal ein flüchtiger Schatten, sondern ein gewichtloses Etwas ohne Vergangenheit. Hätte ich sie angesprochen, so hätten sie ihren Weg fortgesetzt. Hätte ich den Skandal und Betrug hinausgeschrien, sie hätten nicht einmal mit den Schultern gezuckt. Als ob ich nicht existierte. Als ob ich niemals existiert hätte. Sie schienen an einem Spiel oder einer Verschwörung beteiligt, deren Regel die Indifferenz war. In ihren Gesichtern spiegelte sich weder Haß noch Boshaftigkeit, nicht einmal Neugier. Der Fremde, der ich war, nahm in ihrer Gegenwart und in ihrem Gedächtnis keinen Platz ein. Und doch waren sie einmal aufs engste mit meinem Universum verbunden gewesen, wie ich mit ihrem.

Ehemalige Klassenkameraden? Frühere Freunde meiner Freunde? Klienten meines Vaters? Wem hatten wir unsere Sabbat-Armleuchter, unsere Winterkleider und Wertsachen anvertraut? Eine betagte Haushälterin kam vom Markt zurück: war das nicht Frau Stark, die so freundlich war, unsere Nähmaschine und die Aussteuer meiner älteren Schwester bei sich aufzubewahren? Ein Beamter von energischem Aussehen verließ das Gerichtsgebäude: war das nicht der mutige Anwalt, dem wir unser Anwesen „verkauft" hatten? Vor der ehemaligen Konditorei der Familie Stain sprach ein dicker Mann mit eckigem Gesicht zu seinem Sohn: war das nicht Pischta der Wirrkopf, der gleiche, der als Dämon verkleidet, die Peitsche in der Hand, in der Weihnachtswoche die heilige Gewohnheit hatte, seine jüdischen Mitbürger zu strafen, weil sie *seinen* Gott getötet haben? Mit der beharrlichen Frage „Wer lebt?" mischte ich mich unter die Leute auf der Straße, in den Kaufhäusern und auf dem Markt, streifte und stieß sie, hörte ihre Gespräche, ihren Klatsch und ihre Klagen: sie ließen sich nicht durch mich stören – als existierte ich nicht. Ich sah den Mann, der mein Haus bewohnt: ein junger Ingenieur, ungarischer Herkunft, lebhafter Blick, ehrgeizig, arbeitsam, guter Familienvater, begeistertes Parteimitglied. Ich sagte ihm nicht, wer ich bin. Er hätte geantwortet: „Tut mir leid." Nicht einmal das. Er hätte nichts gesagt. Er hätte sich nicht an meinen Namen erinnert.

Und dennoch war ich ihnen nicht ernsthaft böse. Wäre ich gleich nach Kriegsende zurückgekehrt, hätte ich mich anders verhalten. Ich hätte Gerechtigkeit gefordert und alles unternommen, um unsere Nachbarn zu bestrafen, die uns schuldhaft verjagten, dann bestahlen und verleugneten. Jetzt war es zu spät. Ohne Richter und Angeklagte kann kein Prozeß stattfinden. Die Zeit hat sich verändert, die Rollen sind wieder verteilt, unmöglich, sich hier zu erkennen. Stärker als anderswo habe ich in Sighet erkannt, daß die Juden den Krieg verloren haben. Wollte ich die anderen dafür zur Rechenschaft ziehen, dann nur, weil sie uns vergessen haben.

So schnell, so gründlich.

Früher war in diesem typischen *Schtedtl* Israel König. Niemand machte ihm seine Rechte streitig. Man kann sich Sighet nicht ohne seine zehntausend Juden vorstellen, die, obwohl in der Minderheit, durch ihre Lebenskraft und Herausforderung in allem und überall den Ton angaben. Die übrige Bevölkerung, etwa fünfzehntausend, verschloß die Augen.

Wie in ganz Mitteleuropa waren die reichen Juden reicher als die anderen, die armen ärmer. So war auch der jüdische Polizeispitzel – ich kannte ihn gut: ein schweigsamer Rothaariger mit stechenden Augen – gemeiner und verhaßter als seine christlichen Kollegen. In der Heiligkeit und im Geiz, in der Schläue und in der Naivität, im Guten und im Schlechten haben sich die Juden stets übertroffen.

In den dreißiger Jahren lehnte mein Vater sein amerikanisches Visum ab: „Warum sollte ich Amerika in Amerika suchen, wenn es hier ist?“ fragte er.

Anfangs der vierziger Jahre sickerten gewisse Gerüchte über die Vorgänge in Polen zu uns durch; sie beunruhigten uns kaum. Die Rabbiner sagten: „Uns wird nichts geschehen, denn Gott braucht uns.“ Die Kaufleute sagten: „Das Land braucht uns.“ Die Ärzte sagten: „Die Stadt braucht uns.“ Alle hielten sich für unentbehrlich und unersetzlich.

1943 bestand die Möglichkeit, sich „Zertifikate“ für Palästina zu beschaffen: niemand wollte sie. Doch: ein einziger. Die anderen lächelten: warum sollte man abreisen und am

Nullpunkt beginnen? Hier läßt es sich gut leben, die Bevölkerung ist freundlich, sie könnte ohne uns nicht auskommen, und sie weiß das.

In Polen, in der Ukraine und in Deutschland brannten Himmel und Erde Tag und Nacht, im besetzten Europa gab es fast keine Juden mehr, doch uns schien die Welt heil zu sein. Die Gefahr war nicht in unser Bewußtsein eingedrungen und hatte unsern Schlaf nicht gestört. In den *Jeschivot* studierten die Jungen den Talmud; im *Heder* lernten die Kinder die Bibel; in den Kaufhäusern kaufte und verkaufte man, sprach mit den Kunden und Verkäuferinnen. In der Judenstraße trafen sich in den Mußestunden kleine Gruppen und diskutierten über Geschäfte, Politik, Finanzen, Strategie und Chassidismus; hätte jemand den Verdacht geäußert, daß der Tag nahe sei, an dem sich die Stadt ihre Juden wie eine verpestete Meute vom Halse schaffen würde, man hätte ihm ins Gesicht gelacht.

Zwei Monate vor dem Ghetto-Erlaß hielten sich die Juden noch für unausreißbar. Ihr Glaube an die Zukunft berührte das Unbewußte. Der Krieg? Man wird ihn überleben. Der Tod? Man wird ihn überleben. Die Feinde? Man wird sie überleben. Ein Lehrer erklärte seinem Schüler: „Weißt du, was die Ewigkeit Gottes ausmacht? Wir. Tanzend in den Kohlenfeuern, dem Leiden und den Heimsuchungen trotzend, erschafft der Mensch die Ewigkeit seines Schöpfers – er bringt sie ihm dar und rechtfertigt sie."

Kurz vor dem Osterfest des Jahres 1944 marschierten die Deutschen ein und besetzten das Land. Eine dumpfe Angst lastete in den Wohnungen, spiegelte sich in den Augen. Die Gesichter verfinsterten sich. Mit einemmal demaskierten sich die Antisemiten, zusehends vergrößerte sich ihre Zahl. Unverzüglich wurden antijüdische Maßnahmen getroffen: Konfiskation des Eigentums, der gelbe Stern, das Ghetto. Die Juden verloren nicht ihr Vertrauen: „Das wird vorübergehen, man muß sich gedulden, man darf nicht verzweifeln."

Das Fest der Freiheit wurde gefeiert im Schatten eines Ereignisses, das niemand voraussehen konnte und wollte.

Einen Monat später war die Ewigkeit zu Ende.

Das Leben geht weiter, als wäre nichts geschehen. Die Stadt zählt wieder 25 000 Einwohner. Sie führen ein normales, mehr oder weniger ruhiges, mehr oder weniger angenehmes Leben. Ohne jüdische Ärzte, ohne jüdische Kaufleute, ohne jüdische Schuhmacher. Man kann sie entbehren, sie fehlen nicht. Ohne Schwierigkeit wurde die Lücke gefüllt. Alle Wohnungen sind bewohnt, die Schulen besetzt, die Kaufhäuser verstaatlicht. Die jüdische Gemeinschaft setzt sich aus fünfzig, meist aus umliegenden Dörfern stammenden Familien zusammen.

Die Einwohner sprechen vom Fortschritt und von der Hoffnung. Einige neuerrichtete Gebäude sind der Stolz der Stadt: eine Volksschule, ein Gemeinschaftshaus und ein Textilunternehmen. Ein Beweis mehr, daß man die Juden nicht braucht, um auf der Höhe der Zeit zu sein.

Wäre ich als Tourist gekommen, hätte ich die Errungenschaften des neuen Regimes, die überall angeklebten Plakate mit Statistiken bewundern müssen. Doch ich war kein Tourist. Mit verrinnender Nacht wurde ich mir meiner Eigenschaft als unerwünschter Fremder, als Eindringling in dieser unheilvollen, tückischen, relief- und lebenslosen Stadt bewußt. Geächtet und verbannt suchte ich meine Vergangenheit und fand sie nicht. Warum diese Ruhe vor der Synagoge des *Talmud-Thora* und des *Machzikei-Thora?* Und vor dem Wizsnitzer Schtibel? Ich ging von einer zur anderen dieser verlassenen Synagogen, vollgestopft mit heiligen Büchern, die in ungeordneten Stößen, staubbedeckt umherliegen. Die älteste und größte Synagoge existierte nicht mehr: von den Deutschen bei ihrem Rückzug zerstört. Ein Gedenkstein steht an ihrer Stelle.

Ungläubig suchte ich an diesen unveränderten, anonymen Orten Kalman den Kabbalisten, Mosche den Verrückten, Schmukler den Prinzen, Leizer den Dicken, meine Verwandten, meine Idole, meine lebendigen Rätsel: spurlos verschwunden. Ich irrte durch die dunklen Gassen und die Felder am Fluß: nirgends blieb mein Blick haften. Verzauberte, ausgetrocknete Stadt. Ein „Todesstrahl“ ist hier niedergefahren; allein die Steine wurden verschont.

Vor dem Haus meiner Großmutter blieb ich stehen: ich

wartete, daß sie mich rufen und mir ein Geschenk oder ein Lächeln geben würde. Vor dem Geschäft meines Onkels, eines gelehrten Talmudisten und armseligen Kaufmanns, wartete ich, daß er herauskomme, um mich über eine Bibelstelle auszufragen. Und vor dem Haus meines Lehrers wartete ich, daß er mich heranwinke, um von der Gunst zu sprechen, die Gott in seiner unendlichen Gnade einigen Auserwählten gewährt: sie sterben, um seinen Namen zu heiligen. Ich wollte etwas tun oder sagen: es gab nichts mehr zu tun, nichts mehr zu sagen. Tausend Abenteuer, ein einziges Ende.

Die einst von Leben wimmelnde, lärmende Judenstraße: verlassen. Sie hat ihren Namen geändert. Heute heißt sie „Straße der Deportierten". Wer hat wen deportiert? Wo und warum? Niemand stellt sich diese Frage. Die Vergangenheit ist begraben. Es gilt zu leben, vor allem zu vergessen. Ich begegnete meinem einstigen Lehrer der Grundschule; er konnte sich meiner nicht mehr erinnern. Eines Tages wird ein biederer Bürger einen erstaunten Blick auf den Namen der Geschäftsstraße werfen und unschuldig fragen: „Straße der Deportierten? Es scheint sich um Juden zu handeln." Sicher wird er sich nicht sein. Schon heute zweifelt er. Die aus Sighet deportierten Juden waren nicht aus Sighet. Von einer anderen Ortschaft vielleicht, von einem anderen Planeten. Wenn sie wiederkommen, werden sie wieder verjagt.

War es nicht immer so gewesen? Ohne Zweifel: Die Bevölkerung glaubte zu allen Zeiten, daß man bei den Juden als Fremder geboren wird. Doch ein Krieg erst muß es bestätigen.

Heute gehen diese friedlichen Einwohner weiter. Für sie bin ich nicht einmal mehr ein seit seiner Kindheit vertriebener und enteigneter Fremder, nicht einmal ein Trugbild. Für sie existiere ich nicht. Sie haben alles vergessen? Nein. Sie erwekken vielmehr den Eindruck, als gäbe es nichts, das man vergessen könnte. Niemals lebten Juden in Sighet, dem Hauptort der bekannten Region von Maramures.

So wurden die Opfer nicht nur aus der Stadt ausgestoßen, sondern auch aus der Zeit.

Der einzige Ort, wo ich mich zu Hause fühle, ist der Friedhof. Früher habe ich ihn nie gesehen. Zutritt für Kinder verboten. Warum? Einfach so. Wenn du größer bist, wirst du es verstehen. Der Schmerz der Abreise, das Geheimnis des Jenseits. Dieser abgeschlossene Ort faszinierte mich. Ich stellte mir vor, wie sich die Toten unterhielten und mit Gott sprachen, ich strich die Mauern entlang und lauschte; doch stets tauchte jemand auf, der mich in die Schule oder nach Hause schickte. Heute freier Zutritt. Niemand war da, um mir zu sagen, was erlaubt oder verboten sei. Das Eingangstor stand offen, kein Gitter, keine Wache. Ich bin groß geworden.

Hier ist der einzige Ort in Sighet, der mich an Sighet erinnert. Außen befand ich mich auf feindlichem Boden. Wäre ich inmitten der Menge gestürzt, kein Mensch hätte mir geholfen. Hier wußte ich mich in Sicherheit, im Schoß einer großen Familie, die bereit ist, mich aufzunehmen und zu beschützen.

Vielleicht hatten die Toten mehr Glück als die anderen. Sie mußten in ihren Gräbern keine Demütigungen erdulden, man ließ sie in Ruhe, in Frieden, bei sich. Daher bin ich nicht zu ihnen gekommen, um Abschied zu nehmen, sondern um ihnen die Stadt anzuvertrauen, die jüdische Vergangenheit der Stadt.

Ich irrte zwischen den Gräbern umher. Ich hatte Kerzen gekauft, die ich überall dort aufstellte, wo mich ein Name erbeben ließ. Der Wind löschte sie aus, sobald ich mich abgewandt hatte.

Früher kamen sie von nah und fern zu diesem Friedhof, vor allem zwischen Rosch Haschana und Jom Kippur. Sie warfen sich auf die Gräber der *Zadiks* und baten sie um Fürbitte bei Gott, daß er nicht weiter auf ein Volk zürne, das zu oft für zu viele Leiden auserwählt wurde. Vergeblich die Gebete und die Tränen. Gott wollte nicht hören.

Schließlich blieb ich vor einem Denkmal stehen, das für eine Generation Toter ohne Begräbnis errichtet worden war. Ein schräger Steinblock mit einigen eingehauenen Worten. Ein Grab ohne Leichen. Ein Grabstein für unzählige Gräber und unzählige Leichen. Ich zündete die letzte Kerze an. Zu meiner Überraschung fing sie bei der ersten Berührung mit der Flamme Feuer. Die Flamme züngelte in die Höhe, immer höher, als wollte sie bis in den Siebten Himmel schlagen oder weiter, bis in die zehnte Sphäre, oder noch weiter, bis zum himmlischen Thron, immer weiter, immer höher ...

Ein alter Jude tauchte aus dem Nichts auf und stellte sich neben mich. Ohne Gruß, ohne mir ein Wort zu sagen, zog er einen *Sidur* aus seiner Tasche und begann das Totenlied zu rezitieren: *El Mahle Raschamin Schochen Bamromin.* Wer war er? Wer hat ihn gesandt? Wie konnte er wissen, daß ich hier war? Wir waren allein, und ich wußte nicht einmal, ob er meine Anwesenheit bemerkte. Mit einem Schlag verstummte seine Stimme. Ich schloß die Augen; ich schämte mich, ihn anzusehen, zu weinen oder nicht zu weinen.

Die letzte Kerze brannte lange. Manchmal glaube ich, daß sie noch lange Jahre brennen wird.

Vor der sephardischen Synagoge, in der am Sabbat oder an den Festtagen einige Dutzend Gläubige den Gottesdienst feiern, traf ich noch einen Juden.

Schon der Anblick dieses bärtigen, in chassidische Gewänder gehüllten Mannes bewegte mich. Er lebte in einer anderen Welt, in einem fernen, versunkenen Zeitalter. Sein faltenzerfurchtes Gesicht strahlte vor Güte, in seinen Augen stand Wärme und Heimweh, die verkniffenen Lippen bewegten sich unmerklich. Endlich ein Jude von damals: ein Jude, den die Erschütterungen nicht entwurzelt hatten. Ich sprach ihn in Jiddisch an; überrascht drückte er mir lange die Hand. Unsagbare, ungesagte Freude. *Schalom aleikhem, aleikhem Schalom:* Friede sei mit Euch, Gefährte. Wir gehörten zur gleichen Partei. Einfache Antworten auf harmlose Fragen. Nein, er stammte nicht aus Sighet. Nein, er hatte meinen Vater nicht gekannt. Was er in dieser Stadt treibe? Er kümmert sich um die Lebenden. Rabbiner? Nein. Küster? Nein. Lehrte er die Kinder die geheiligte Sprache? Auch nicht. Übrigens gab es keine Kinder mehr, die sie erlernen wollten. „Ich bin der *Schochet*", erklärte er, „der rituelle Schächter." Unglaublich, aber wahr: es gab in Sighet und den Weilern der Umgebung noch einige Juden, die nur *Koscher*-Nahrung aßen. Viele nicht: hier zehn, dort zehn; fünf in Borsche, einem Gebirgsdorf; drei in Stremtere, drei auch in Dragmerest. Ihretwegen hat er sich entschlossen, zu bleiben. Er hatte Frau und Kinder ins Ausland geschickt und würde erst wieder bei ihnen sein, wenn hier keiner seine Dienste mehr in Anspruch nähme. Er war nur ein freier Mensch, wenn er den Juden helfen konnte, Juden zu bleiben.

„Ich konnte mich nicht entschließen fortzugehen", sagte er lächelnd. „Ich konnte doch nicht einfach eine jüdische Gemeinde im Stich lassen, ohne *Schochet* lassen."

Er konnte nicht ahnen, wie schmerzhaft mich seine Worte trafen. Eine Gemeinde von fünfzig Familien! Und früher ist diese Gemeinde eine unerschöpfliche Quelle des Reichtums und der Jugend gewesen ...

Ich weiß nicht, ob die Legende der sechsunddreißig Gerechten die Wahrheit sagt, ob es in unserem Jahrhundert noch sechsunddreißig Gerechte gibt. Doch ich weiß, dieser Schächter gehört zu ihnen.

Vierundzwanzig Stunden nach meiner Ankunft in dieser Stadt habe ich es eilig, sie zu verlassen. Ein Abendrot, eine Morgendämmerung: es genügte. Schon plagten mich Gewissensbisse. Ich hätte nicht zurückkehren dürfen, um die Lösung einer Geschichte zu finden, die unlösbar ist. Der Talmud berichtet von den vier Weisen, die in den Weinberg eingedrungen sind, nur einer ist unversehrt wieder herausgekommen; er wagte nicht mehr, in den Weinberg zurückzukehren. Der Wagen wartete auf mich, der Chauffeur wurde ungeduldig. „Fahren wir jetzt?" Ja, wir fahren. Ich bedeutete ihm, daß ich bereit sei. War es Müdigkeit? Es kostete mich einige Mühe, meinen kleinen Koffer auf den Vordersitz zu heben und mich durch die hintere Wagentür zu zwängen. Die geringste Bewegung erforderte schmerzhafte Anstrengung. Ein Teil von mir wollte bleiben.

„Fahren wir?"

Ja, fahren wir. Er ließ den Motor an, der Wagen setzte sich in Bewegung.

„Nicht so schnell", sagte ich leise.

Ich wollte mehr sehen. Das kleine Mädchen, das sich an den Arm der Mutter klammert; das Ehepaar, das sich vor dem Schaufenster streitet. Den Polizisten vor dem Gerichtsgebäude. Die Passanten, die mich ankommen und nicht abreisen sahen. Ja, ich fuhr ab. Diesmal im guten. Keine Möglichkeit einer Rückkehr mehr. Hier die Hauptstraße: das Kino, die Konditorei, das Hotel, das Mädchenlyzeum. Ein letzter Vorwurf: ich bin gekommen, um etwas zu tun, was, weiß ich noch immer nicht. Ein letzter Blick auf meine Straße: der Kirchturm, das neue Schulgebäude und weiter hinten die Straßenecke, ein Haus – mein Haus. Plötzliche Tränen und eine schreckliche Gewißheit: ich werde es niemals wiedersehen.

Sighet ist hinter dem Horizont versunken, doch mein Blick folgt noch immer dieser Richtung. Dann begriff ich, daß ich Sighet nichts mehr schulde. Der Bruch war vollkommen.

Die Stadt, die einst meine Stadt war, hat niemals existiert.

Unsere gemeinsame Schuld

Der Eichmann-Prozeß in Jerusalem war insofern „historisch", als er nicht ausschließlich die Verbrechen und die Entartung eines Menschen, ja eines Systems verurteilte, sondern den Versuch unternahm, eine ganze Epoche schonungslos auszuleuchten, eine Epoche, die durch ihren verblendeten Willen und seine Folgen dem menschlichen Verständnis zu entgleiten droht. Wie war das Phänomen Eichmann „möglich"?

Zwanzig Jahre nach Kriegsende tappen wir noch immer im dunkeln. Wie konnte es zu diesem totalen Sieg des Tieres über den Menschen kommen? Wie soll man die doppelte Metamorphose zweier Völker verstehen: hier des Volkes, das sich zum Mörder wandelte, dort des Volkes, das zum fügsamen und schweigenden Opfer wurde? Bei einem gewissen Punkt der Fragestellung decken sich das „Wie" und das „Warum".

Wir hofften, der Prozeß würde eine Antwort geben – ein Irrtum. Der amerikanische Schriftsteller Alfred Kazin, den ich fragte, ob er glaube, daß der Tod von sechs Millionen Juden einen Sinn habe, antwortete: „Ich hoffe nicht." Keine Antwort könnte nackt und wahr genug sein.

Der Prozeß hätte die Frage zumindest formulieren und dem Schrei, der aus ihr aufsteigt, eine zeitlose Dimension verleihen müssen.

Über Eichmann das Urteil zu sprechen war ungenügend und unmöglich. Die Ungeheuerlichkeit, die Absurdität seiner Taten transzendierten ihn, stellten ihn außerhalb dieser Zeit und entzogen ihn den menschlichen Gesetzen: der einzig mögliche Dialog hätte zwischen Eichmann und den Toten geführt werden müssen. Der Prozeß hatte gelegentlich etwas

Unwirkliches, weil sich die Hauptpersonen, voran die Angeklagten, in ihren Rollen allzu wohl zu fühlen schienen: als handelte es sich um einen gewöhnlichen Prozeß, in dem ein menschliches Wesen durch seinesgleichen gerichtet wurde. Eichmann verteidigte seinen Kopf hartnäckig: er redete ausgiebig, furchtlos und flüssig, er zitierte Dokumente und Zahlen. So gelang es ihm häufig, dem gravitätischen Verhör einen falschen Ton zu verleihen: nicht über ihn – nicht allein über ihn – wurde Urteil gesprochen, sondern über die Geschichte.

Individuum und Symbol zugleich, verwies Eichmann ebenso auf die Gebiete der Psychiatrie und Metaphysik wie auf das juristische Recht.

Wer den Ablauf des Prozesses der Kritik unterzieht, wirft der Verhandlung ihre mangelnde Spannweite vor. Der Lichtstrahl trug nicht weit genug, er öffnete keinen umfassenden Ausblick. Man blieb allzusehr dem Spiel der Legalität verhaftet. Anstatt Ausgangspunkt zu sein, wurde der Angeklagte ausschließliches Ziel. Hier ging die Gleichung notwendigerweise nicht auf. Sind die Eichmanns im juristischen Sinne schuldig, dann sind die anderen unschuldig. Die Schlußfolgerung hätte anders lauten müssen: wenn die Eichmanns schuldig sind, dann auch die anderen.

Im Einklang mit Curtio Malaparte und sogar mit Karl Jaspers vertrete ich die Meinung, daß wir alle einen größeren oder kleineren Teil der Schuld tragen an dem, was in Europa geschehen ist. Wir gehören einer verlorenen und zugleich schuldigen Generation an. Das Verfehlen in seinem ganzen Ausmaß einem Eichmann anzurechnen wäre zu bequem, das hieße, dem Problem ausweichen. Niemand zweifelte an seiner Schuld, jeder war von Anfang an davon überzeugt. Es wäre unnötig gewesen, den Prozeß anzusetzen, um einen Schuldbeweis zu finden. Wenn der Prozeß wichtig war – und das behaupte ich –, so allein, weil er uns durch die Wiederbelebung der Vergangenheit dies bewies: ein Verbrechen kann seinen Rahmen sprengen, so daß die Schuld auf die zurückfällt, die sich abseits halten. Ohne diese Erkenntnis mag der Prozeß spektakulär sein, doch er ist zumindest unvollständig, wenn nicht unnütz.

Kommende Historiker werden im Eichmann-Prozeß zweifellos Lücken entdecken, um tiefer lotende Untersuchungen zu rechtfertigen. Wider unser Erwarten hat es die Vertretung der Anklage abgelehnt, das begrenzte Terrain des „Falles Eichmann" zu verlassen. Die Rolle der Menschheit – der nazistischen wie der nichtnazistischen – in diesem Ausrottungsprogramm wurde nur flüchtig gestreift.

Ohne die Hilfe oder schweigende Zustimmung der Ukrainer, Slowaken, Polen und Ungarn hätten die Deutschen niemals die Judenfrage so vollständig und so schnell gelöst. Die Slowaken zahlten *per capita* für jeden Juden, den die Deutschen außer Landes deportierten; die Ungarn übten auf Eichmann – dem es gewiß nicht an Eifer mangelte – Druck aus, die Transporte zu beschleunigen; die Ukrainer und die Letten übertrafen die Deutschen an Grausamkeit. Und die Polen: es ist kein bloßer Zufall, daß die mörderischsten Lager bei ihnen, in Polen, und nicht anderswo errichtet wurden.

Überall, wo sich die Bevölkerung der Deportation ihrer jüdischen Mitbürger widersetzte – das ist unbestreitbare Tatsache –, war der „Ertrag" dürftig. Eichmann hatte dies erkannt und in seinen Bekenntnissen, die er in Buenos Aires dem holländischen Journalisten Wilhelm Sassen diktierte, ausdrücklich hervorgehoben. In Dänemark konnte fast die Gesamtheit der Juden gerettet werden. In Frankreich, Belgien und Holland, wo die antijüdischen Maßnahmen wenig Beifall fanden, konnten die Vertreter Eichmanns ihre Aufgabe nur unbefriedigend lösen; sie riefen in Berlin Unwillen und Verbitterung hervor. Doch in Ländern, deren Bevölkerung danach trachtete, „judenrein" zu werden, rollten die Viehtransporte mit ihrer menschlichen Ladung reibungslos in die Nacht. Diese Tatsachen haben in Jerusalem nicht den Widerhall gefunden, den sie verdient hätten.

Desgleichen ist die Anklage nicht genügend auf die Haltung der freien Welt eingegangen, die, von bemerkenswerter Passivität gelähmt, tatenlos zusah. Wären es sechs Millionen

Opfer geworden, wenn Männer wie Roosevelt, Churchill oder der Papst ihre Stimme erhoben hätten?

Die Tatsache, daß die Deutschen höchstmögliche Vorsichtsmaßregeln trafen, um ihre Untaten zu verschleiern, beweist, daß sie der Meinung der Weltöffentlichkeit Rechnung trugen. In seinen Bekenntnissen vermerkt Eichmann ironisch, daß, wäre es ihm gelungen, durch Vermittlung Joël Brands eine Million Juden zu verkaufen, kein Land sie aufgenommen hätte. Die Teilnahmslosigkeit der sogenannten zivilisierten Welt ließen den Deutschen freies Spiel. Jeder verschloß keusch die Augen.

In Washington, London, auch in Jerusalem war man seit 1942 auf dem laufenden. Hitler und Goebbels war das nicht unbekannt. Sie waren auf eine Flut von Protesten und Drohungen gefaßt. – Schließlich begriffen sie: der Westen ließ ihnen völlige Handlungsfreiheit.

Der Briefwechsel zwischen Chaim Weizmann und dem Foreign Office Großbritanniens, der dem Tribunal in Jerusalem vorgelegt wurde, enthält ein in seiner Einfachheit bewegendes Gesuch: der Zionistenführer beschwor die Regierung Seiner Majestät, die nach Auschwitz führenden Eisenbahnlinien zu bombardieren. Die Antwort fiel negativ aus. Eine ähnliche Bittschrift wurde von einem Judenführer in den USA, der im Weißen Haus ein und aus ging, Präsident Roosevelt unterbreitet. Auch der große F. D. R. reagierte nicht.

Es ist trotzdem merkwürdig – um keinen anderen Ausdruck zu gebrauchen –, daß sich in der freien Welt erst danach, als es zu spät und kein Jude mehr zu retten war, ein Sturm der Entrüstung erhob.

Schließlich hätte der Generalstaatsanwalt um der historischen Wahrheit willen seine Anklage weiter treiben müssen und eine Tatsache enthüllen, die, so bitter und traurig sie sein mag, nicht weniger authentisch ist: die Juden selbst haben nicht alles Mögliche gegeben; sie hätten mehr und wirkungsvoller handeln müssen und können. Das amerikanische Judentum hat kaum einen Finger gerührt und seinen politischen und wirtschaftlichen Einfluß nicht ausgespielt, Amerikas Juden haben nicht, wie es ihre Pflicht gewesen wäre, Himmel und Erde in Bewegung gesetzt. Ich weiß: sie hatten ihre Gründe und Ausflüchte; sie sind ungültig. Nichts entschuldigt oder erklärt Passivität, wenn es darum geht, dem Mord von täglich fünf- bis zehntausend Menschen Einhalt zu gebieten. Wie viele Kundgebungen wurden im Madison Square Garden abgehalten? Wie viele Demonstrationen fanden vor dem Weißen Haus statt? Ben Hecht wirft diese Fragen in seinem *Child of the Century* auf – mit welcher Verbitterung! Die Lektüre dieses Buches läßt das Blut gerinnen.

In Palästina, Herz und Gewissen des jüdischen Volkes, war es kaum anders. Bis Ende 1944 wurde kein Mittel gefunden, die dichten jüdischen Bevölkerungsschichten, denen der Tod auflauerte, zu warnen oder ihnen Hilfe zu bringen. Als einige Fallschirmspringer in Budapest eintrafen (seit dem Kastner-Prozeß kennen wir das Ergebnis), blieb ihnen nichts mehr zu tun: halb Europa war bereits von Juden geräumt. Warum wurden nicht früher Aktivisten, mit oder ohne Fallschirmspringer-Uniform, geschickt? Es war Krieg, wird man uns entgegenhalten. Was weiter? Die jungen Mitglieder der Palemach hätten sich alle freiwillig zur Verfügung gestellt. Unter hundert Auserwählten hätten zehn oder fünf ihr Ziel erreicht und den Widerstand, Flucht und Rettung organisiert.

Die Juden Ungarns, besonders Siebenbürgens, schrieben eines der erschütterndsten Kapitel des Krieges. Ihre Massendeportation fällt in den Mai und Juni 1944 – einige Tage vor der Landung der Alliierten in der Normandie. Am Bahnhof von Auschwitz ahnten sie noch nicht das Los, das sie erwartete. Der unheilkündende Name Auschwitz war ihnen unbekannt. Hätten sie gewußt, was er für sie bedeutete – wie viele hätten gerettet werden können? Sicher nicht alle, aber der Großteil. Die Rote Armee stand dreißig bis fünfzig Kilometer entfernt: nachts hörte man deutlich das Grollen der Kanonen. Die Juden hätten sich in die umliegenden Gebirgszüge flüchten und einige Tage versteckt halten können – das Eintreffen der Befreier war nur eine Frage von Stunden. Doch man beteuerte diesen frommen Juden aus Siebenbürgen, daß sie nichts zu befürchten hätten, daß man sie lediglich in das Landesinnere bringe. Und sie glaubten es. Ich wiederhole: dies geschah im Jahre 1944, als jedes Kind in Brooklyn, Whitechapel und Tel Aviv bereits wußte, daß Treblinka und Birkenau anderes waren als kleine Provinzbahnhöfe.

Indessen ließ Professor Chaim Weizmann Joël Brand, der um ein dringendes Gespräch nachsuchte, um ihn über seine doppelt tragische Mission zu informieren, wissen, daß er zu beschäftigt sei; er verschob das Treffen um einige Wochen, obwohl Brand in einem Brief präzisiert hatte, daß jede Stunde zähle und jeder verstrichene Tag zehntausend Juden weniger bedeute. Warum Brand nicht den Verstand verlor, wird für mich ein Rätsel bleiben – ein Rätsel der Vernunft, die ihre eigene Verdammung zu überleben weiß.

Die Haltung Weizmanns illustriert nur einen allgemeinen Geisteszustand im Land. Das Volk handelt, als ob es die Vorgänge „dort unten" nicht beträfen: eine verblüffende, unverständliche Lossagung. In ihrem Unterbewußtsein sagten sie sich: an wem liegt das? Sie hätten sich uns anschließen, unserem Beispiel folgen können; es fehlte ihnen an Mut und Idealismus – um so schlimmer für sie.

Yitzahak Grunebaum, Chef einer Kommission, die mit der Rettung der Juden beauftragt war, kommt in seinen Memoiren auf dieses Problem zu sprechen. Er und seine Kollegen stellten sich die Frage, ob es möglich sei, einen Teil der zur Errichtung Palästinas vorgesehenen Gelder zur Rettung der Juden Europas abzuzweigen. Sein Standpunkt war eindeutig negativ. Zuerst kam *Eretz* Israel, dann erst das zerstreute Volk. Ein Haus, eine Fabrik oder Schule zu erbauen hatte den Vorrang.

Der junge israelische Dichter Haim Gouri durchstöberte aus Neugier die Zeitungsarchive Tel Avivs der Jahre 1943/44. Er war fassungslos. „Ich begreife nicht", sagte er. „Wenn du wüßtest, welche Probleme uns beschäftigten, während in Europa ... Gemeindewahlen in Hedera oder sonstwo: Schlagzeilen der ersten Seite. An kaum sichtbarer Stelle war ein Artikel von wenigen Zeilen eingerückt: *Die Deutschen haben begonnen, die Juden der Ghettos von Lublin und Lodz zu vernichten ...*"

Es war nicht die Schuld des Volkes, sondern seiner Führer. Sie waren der Aufgabe nicht gewachsen und bewiesen einen erstaunlichen Mangel an Initiative, politischer Reife und Mut. Nahum Goldman hat es kürzlich in Genf auf einer Tagung des Exekutivbüros des Weltjudenkongresses eingestanden. Die großen jüdischen Organisationen waren unfähig, ihre belanglosen internen Zwistigkeiten zu überwinden, um die Einheit der Aktion zu verwirklichen. Zeit seines Bestehens wurde das „Emergency Committee to save the Jewish People" von allen Judenführern in den USA boykottiert. Auch sie hatten ihre Gründe und Motive: kein Bündnis mit den unorthodoxen Persönlichkeiten wie Ben Hecht oder Peter Bergson, keine Zusammenarbeit mit diesem oder jenem. Sie hätten allerdings ihr eigenes „Rettungs-Komitee" gründen können, in dem alle Parteien und Organisationen vertreten gewesen wären. Dies wurde unterlassen.

Deshalb können wir einen Gedanken nicht unterdrücken: um den Prozeß auf ein gültiges moralisches Niveau zu heben – auf das Niveau der absoluten Wahrheit –, hätte Gideon Hausner (oder Premierminister David Ben Gurion in seiner Eigenschaft als Zeuge) den Kopf senken und mit lauter Stimme, vernehmbar für drei Generationen, ausrufen müssen: „Bevor wir über andere das Urteil fällen, müssen wir unsere eigenen Fehler und Schwächen erkennen. Wir haben nicht das Unmögliche versucht, wir haben nicht einmal das Mögliche ausgeschöpft."

Mit dem Aufstieg des Naziregimes wohnte die Menschheit einem Ereignis bei, das Martin Buber eine Sonnenfinsternis Gottes nennen würde. Wie unter dem Bannstrahl eines Fluches entdeckten sich die Menschen, starke und schwache, hellsichtige und feige, als Schuldige, als Verbündete des Bösen – und wäre es nur, weil sie in diesem Abschnitt der Geschichte gelebt haben. Jede Tat war befleckt. Eingeschlafen waren die großen Geister, ausgelöscht die feinfühligsten Menschen, die mächtigen Stimmen schwiegen. Die allgemeine Apathie hatte ein Klima geschaffen, in dem die Verbrecher ruhig, wirkungsvoll und schamlos ans Werk gehen konnten.

Deutschland kapitulierte, und die freie Welt stieß einen Schreckensschrei aus, einen Schrei, der jeden Gewissenskonflikt erstickte: „Ich war es nicht" wurde das Schlüsselwort, vor allem in den Ländern, die das Dritte Reich gebildet hatten. Die restliche Welt begnügte sich, eine Träne zu vergießen und zu verkünden: „Wir konnten nichts dafür."

Wohl stellte sich Karl Jaspers die Frage nach der „deutschen Schuld"; die Wirkung seiner Untersuchung, welche die universelle Schuld erschließen wollte: sie schlichtete viel Angst und beruhigte die Gemüter im besetzten Deutschland. Damit bewies der Philosoph einen seltsamen Mangel an Demut. Die nichtnazistische Welt in die Schuld einzubeziehen – das war Sache, ja Pflicht der Denker New Yorks oder Stockholms. Die Welt hatte nicht wenig Lektionen zu erhalten, aber nicht aus dem Mund eines deutschen Professors.

In Westeuropa schlug sich die Reaktion vor allem in der Literatur nieder. Sartre, Camus und Gabriel Marcel nahmen die Malraux'sche These der Aktion auf und legten den Akzent auf das Engagement. Ihre Grundidee: alles, was um uns geschieht, betrifft uns direkt. Doch die Frage wurde nicht genügend ausgelotet. Der Held des modernen Romans, beschäftigt, seinen Protest zu formulieren, kümmert sich wenig um Nuancen. Er ist gut oder schlecht, Rebell oder Kollaborateur oder „indifferent". Die Grenzen waren gezogen, die Lager abgesteckt. Wer Züge in die Luft gesprengt hat, konnte den Schlaf des Gerechten schlafen, die anderen fielen in die Kategorie der „Sauhunde". Das Schuldelement spielte keine tragende Rolle in einer Welt von morgen, die die Jugend Europas auf den Ruinen erbauen wollte. Außer in der Malerei hatte die Kunst praktisch keine innere Beziehung zu den Ereignissen, die sie hätten inspirieren müssen. Keine neue Philosophie wurde formuliert, keine neue Religion proklamiert: die Erde erbebte, und der Mensch ist sich selbst gleichgeblieben.

André Gide erzählte einmal eine pikante antisemitische Anekdote. Einer seiner Schüler fragte ihn errötend: „Auch Sie, Meister?" Gide kamen die Tränen: „Ich wußte nicht, daß ich es war." Das geschah vor dem Krieg. Nachher weinte Gide nicht mehr. Er betrachtete sich nicht länger als schuldig, da er seinen Geist nicht mehr auf Kosten der Juden versprühte.

Durch eine seltsame Ironie des Schicksals waren – und sind – sich allein die Davongekommenen, die Gespenster, ihres Schuldanteils bewußt. Es geht hier nicht um einen jansenistischen Begriff, und die Erbsünde läßt sie gleichgültig. Ihre Schuld ist konkreter, herzzerreißender – sie gehört zu ihrem Sein.

Warum habt ihr nicht revoltiert? Warum keinen Widerstand geleistet? Ihr wart zehntausend gegen zehn, gegen einen; warum habt ihr euch wie Schlachtvieh in den Tod treiben lassen?

Mit derartigen Fragen quälte Generalstaatsanwalt Gideon Hausner die Zeugen während der ersten Tage des Eichmann-Prozesses: er wollte so zum Nutzen der jungen israelischen Generation die dunklen, unbekannten Zonen des Dramas ausleuchten. Sie antworteten unveränderlich: „Sie können das nicht wissen; wer nicht dort unten war, ist unfähig zu verstehen."

Bruno Bettelheim und Viktor Frankl, beide hervorragende Psychiater, haben die Welt der Konzentrationslager erlebt. Sie versuchten, in ihren Büchern, die sich mit der Psychologie der Lager befassen, eine Erklärung zu finden. Die Einwilligung des Opfers beunruhigte sie gleichermaßen wie die Grausamkeit des Henkers. Diese Phänomene dem Persönlichkeitszerfall oder einer erwachenden Todessehnsucht zuzuschreiben führt nur zu einer Teillösung. Ihr fehlt die Frage nach dem „Warum", der metaphysische Aspekt. Es fehlt das Schuldelement, das die Häftlinge prägte.

Dieses Gefühl war zunächst religiös ausgerichtet: wenn ich hier bin, dann hat mich Gott gestraft; ich habe gesündigt, ich zahle; wenn ich diese Strafe erleide, so habe ich sie verdient. Der Aufstand gegen Gott sollte erst später kommen. Vorher opfert der Häftling seine Freiheit für die Freiheit Gottes. Er nimmt die Schuld auf sich, ehe er erkennen will, daß sein Gott der Gott Hiobs ist, für den der Mensch nur ein Beispiel bietet oder die Möglichkeit, eine These im Streitgespräch mit Satan zu illustrieren.

Jeder Tag, der ihn von seiner Freiheit entrückte, machte seine Schuld ätzender und bewußter. Damit folgte er nur einer Verhaltensweise seiner Kerkermeister, die in den Ghettos und Lagern das Schamgefühl und die Demut, die ein Lebender normalerweise vor den Toten empfindet, wissentlich und willentlich zur äußersten Grenze abgedrängt haben.

Ich lebe, also bin ich schuldig; ich bin noch hier, weil ein Freund, ein Kamerad, ein Unbekannter an meiner Stelle gestorben ist. In einem geschlossenen Gefäß kommt dieser Sicherheit zerstörerische Macht zu. Bedeutet Leben die Ungerechtigkeit zu bejahen, dann wird das Sterben schnell zu einer Verheißung und Befreiung.

Das System der „Lebensscheine" in den Ghettos und der „Selektionen" in den Lagern wollte nicht nur in periodischen Abständen die Zahl der Häftlinge dezimieren, sondern jedem unter ihnen den Gedanken einträufeln: „Das hätte ich sein können, ich bin die Ursache, vielleicht die Bedingung des Todes des anderen."

So bedeuteten die „Lebensscheine" eine moralische Folter, ein ausweglose Gefängnis. Ein ehemaliger Arzt aus Wilno machte eine der bewegendsten Zeugenaussagen, die man auf dem Eichmannprozeß hörte. Als Jungverheirateter gelang es ihm, sich einen „Lebensschein" zu beschaffen; er arbeitete in einer deutschen Fabrik. In der Lage, ein nahes Familienmitglied zu retten, fragte er seine Mutter um Rat: „Wen soll ich schützen? Dich oder meine Frau?" Zur Wahl gezwungen, wurde der Mann ein fügsames Instrument des Schicksals und lebte von nun an in einem beklemmenden Teufelskreis; er konnte nicht mehr ohne Zorn und Abscheu an sich denken. Ernie Levy, die erschütternde Romanfigur André Schwartz-Barts, entscheidet sich schließlich, den Zug nach Auschwitz zu besteigen: nicht aus Liebe oder Mitleid, sondern aus Überzeugung, daß das Böse in der Menschheit so übermächtig geworden sei, daß niemand mehr weiterleben und ein Gerechter bleiben könne.

Der auf eine Nummer reduzierte Mensch der Lager verlor seine Identität: sein individuelles Schicksal. Seine Anwesenheit im Lager war allein auf die Tatsache zurückzuführen, daß er einer vergessenen und verstoßenen Gemeinschaft angehörte. Es steht nicht geschrieben, daß „ich" leben oder sterben werde, sondern daß „einer" – noch heute – sterben oder sein Leid weitertragen wird. Aus der Sicht der Gesamtheit besteht keinerlei Unterschied, ob dies ich oder ein anderer sind. Die Zahl allein zählte, die Quote. Daher konnte der davongekommene Häftling – vor allem nach einer Selektion – eine erste Reaktion nicht unterdrücken: ein Freudengefühl. Einen Augenblick, eine Woche oder eine Ewigkeit später wandelte sich diese angstbeschwerte Freude in Schuld. Das befreiende Gefühl, verschont worden zu sein, kommt gleich dem Bekenntnis: ich beglückwünsche mich, daß ein anderer an meiner Stelle gegangen ist. Um diesen Gedanken zu verdrängen, gelang es den Häftlingen so schnell, ihre für den Tod ausgesuchten Kameraden, Verwandten und Eltern zu vergessen. Und um den vorwurfsvollen Blicken zu entgehen, die ihnen die Entschwundenen ein letztes Mal zugeworfen hatten.

Warum suchten die Juden in den Lagern keinen ehrenvollen Tod, das Messer in der Hand, den Haßgesang auf den Lippen? Dr. Bruno Bettelheim stellt sich diese Frage mit vollem Recht. Ohne uns auf die technischen oder psychologischen Gründe zu berufen, die jeden Versuch eines Aufstandes unmöglich machten (sie wußten sich geopfert, ausgestrichen aus der Menschheit, vergessen), müssen wir, um eine Antwort zu finden, den moralischen Aspekt der Frage ins Auge fassen. Im Bann des über ihnen liegenden Fluches glaubten die Juden schließlich, sie seien keines Aktes der Ehre mehr würdig und fähig. Kämpfend zu fallen, wäre in ihren Augen Verrat gegenüber denen gewesen, die fügsam und schweigend in den Tod gegangen sind. Nur ein Weg führte zur Aussöhnung mit ihnen: ihren Spuren zu folgen und ihren Tod zu sterben.

Noch ein Fall, auch er wurde dem Gericht in Jerusalem unterbreitet, sei genannt: diese Frau, die nackt und verletzt dem Graben entkommen konnte, in dem alle Juden ihrer Stadt mit dem Maschinengewehr massakriert worden sind, kehrte wenig später zurück und reihte sich freiwillig in die geisterhafte Gemeinschaft der Leichname. Auf wunderbare Weise errettet, lehnte sie das Leben ab, das in ihren Augen unrein geworden war. Die Psychiater haben vor und nach dem Prozeß Adolf Eichmann ausführlich untersucht. Noch wissen wir nicht, was sie entdeckt haben. Sie sollten auch die am Leben gebliebenen Opfer untersuchen. Doch die Wiedergekommenen stellen ihnen ihr bedrückendes Schweigen entgegen, das sie von „dort unten" mitgebracht haben. Sie öffnen sich niemandem. Die anderen wissen nicht, daß sie vor ihrer eigenen Stimme Angst haben. Ihre Tragödie gleicht der Hiobs vor seiner Unterwerfung: sie glauben sich schuldig, ohne es wirklich zu sein. Allein ein Richter könnte ihre Last von ihnen nehmen, doch für sie besitzt keiner die Autorität und Macht, um dies zu vollbringen: die Menschen nicht und nicht ihre Götter.

Anstatt auf dieser verdammten Welt den Menschen herauszufordern und der Geschichte ihren Zorn entgegenzuschleudern, ziehen sie das Schweigen vor und ihren Monolog, den zu vernehmen alleiniges Recht der Toten ist. Die Schuld ist nicht in Auschwitz erfunden worden, in Auschwitz wurde sie nur entstellt.

Plädoyer für die Toten

Fünfzehn Jahre war ich alt, als ich erstmals gebannt einem eigenartigen Gespräch über die Würde und den Tod, über die Beziehung, die zwischen beiden bestehen konnte, zuhörte.

Menschen, die tot waren und es noch nicht wußten, diskutierten lieber über die Notwendigkeit als die Möglichkeit, sich auf würdige Weise umbringen zu lassen.

Die Realität gewisser Worte sowie das Gewicht und die Bedeutung dieser Realität entzogen sich mir. Die Leute um mich herum sprachen, und ich verstand nicht, was sie sagten.

Heute bin ich zwanzig Jahre älter, und alle Wege, die zum Friedhof führen, sind mir bekannt. Die Diskussion ist noch im Gange, nur die Teilnehmer sind nicht mehr die gleichen. Die Gesprächspartner vor zwanzig Jahren sind gestorben, und nun wissen sie es. Und ich – ich verstehe noch weniger.

Ich bin am Ufer des Irrealen gelandet, in der Mitternachtslandschaft. Später habe ich erfahren, daß der Henker ein Romantiker ist, der vollkommene Inszenierungen liebt; die Hölle ist sein Bühnenbild und die Nacht sein Verbündeter.

Irgendwo begann ein Hund zu heulen, ein zweiter stimmte ein, ein dritter dann. Wir waren also im Reich der Hunde. Eine Frau hatte den Verstand verloren und stieß einen Schrei aus, in dem nichts Menschliches mehr lag; es klang eher wie ein Bellen, sie wollte wohl eine Hündin werden. Ein Revolverschuß machte ihren Halluzinationen ein Ende, und wieder senkte sich das Schweigen auf uns. In der Ferne schlugen gelbe und rote Feuergarben, ausgespuckt von gewaltigen Fabrikschornsteinen, in die mondlose Nacht, als wollten sie den Himmel in Brand stecken. Eine Viertelstunde später lief unser

Zug in einen kleinen Vorortbahnhof ein. Wer an den Luken stand, rief den Stationsnamen den anderen zu: *Auschwitz.* Jemand fragte: „Sind wir angekommen?"

Ein anderer antwortete:

„Ich glaube, ja."

„Haben Sie den Namen Auschwitz schon mal gehört?"

„Nein, noch nie."

Dieser Name erweckte keine Erinnerung und keine Angst. Der Geographie unkundig, wähnten wir uns in einem kleinen, friedlichen Ort in Schlesien. Noch wußten wir nicht, daß er durch seine Bevölkerung von mehreren Millionen Toten bereits in die Geschichte eingegangen war. Eine Minute später haben wir es erfahren: die Waggontüren öffneten sich mit ohrenbetäubendem Ächzen, und eine Armee ehemaliger Gefangener begann zu schreien.

„Endstation! Alles aussteigen!"

Als gewissenhafte Fremdenführer malten sie uns die Überraschungen aus, die uns erwarteten.

„Kennt ihr Auschwitz? Nein? Um so schlimmer, ihr werdet es kennenlernen, ihr werdet es noch zur rechten Zeit kennenlernen." Sie grinsten höhnisch:

„Ihr kennt Auschwitz nicht? Wirklich nicht? Es erwartet euch hier jemand. Wer? Der Tod. Der Tod wartet auf euch. Nur auf euch wartet er. Schaut nur, ihr könnt ihn sehen ..." Und sie zeigten uns das Feuer in der Ferne.

Später, viele Jahre später, fragte ich einen Freund:

„Was waren deine ersten Eindrücke in Auschwitz?"

Finster antwortete er:

„Ein Anblick von schrecklicher Schönheit."

Ich fand das weder schön noch erschreckend. Ich war jung und sträubte mich ganz einfach, meinen Augen und Ohren zu glauben. Ich sagte mir: „Unsere Führer machen sich über uns lustig, sie wollen uns zu ihrem Vergnügen Angst einjagen; wir leben mitten im zwanzigsten Jahrhundert, man verbrennt keine Juden mehr wie im Mittelalter, die zivilisierte Welt würde es nicht zulassen." Ich fragte meinen Vater, der mit hängendem Kopf neben mir ging:

„Das Mittelalter ist doch hinter uns, nicht wahr, Vater? Das Mittelalter ist weit hinter uns?"

Er antwortete nicht. Ich fragte ihn:

„Ich träume, nicht wahr, Vater, ich träume?"

Er antwortete nicht.

Und wir zogen weiter, dem Unbekannten entgegen. Da kam ein fieberhaftes Gespräch auf, eine flüsternde Verständigung. Einige junge Burschen, die als erste aus ihrer Betäubung erwachten, klammerten sich an ihren Zorn und riefen zur Erhebung auf. Ohne Waffen? Ja, ohne Waffen. Die Fingernägel, die Fäuste, und in Kleidern versteckte Taschenmesser werden genügen. Heißt das nicht sicherer Tod? Ja, und dann? Nichts ist mehr zu verlieren und alles zu gewinnen, vor allen die Ehre, ja, Ehre zu erringen ist alles, was uns bleibt. Als freie Menschen sterben – das priesen diese jungen Burschen: nur Resignation heißt Niederlage.

Ihre Väter widersetzten sich ihnen. Sie träumten weiter. Und warteten. – Sie beriefen sich auf den Talmud: „Gott kann selbst im allerletzten Augenblick, wenn alles verloren scheint, noch eingreifen; wir dürfen nichts überstürzen, wir dürfen den Glauben und die Hoffnung nicht verlieren."

Das Gespräch hatte sich jetzt über den ganzen Konvoi ausgebreitet. Ich fragte meinen Vater:

„Was denkst du hierüber?"

Diesmal antwortete er mir:

„Denken hilft uns nicht mehr weiter."

Die Menschenherde zog in die Nacht, und wir wußten nicht, wohin uns unsere Schritte führten. Pardon, wir wußten es: unsere Führer hatten es gesagt. Doch wir verhielten uns, als wüßten wir es nicht, und die nächtliche Diskussion nahm ihren Lauf. Dafür die Jungen, dagegen die Alten. Schließlich gaben die Jungen nach: man muß den Eltern gehorchen und ihren Willen respektieren, steht in der Bibel geschrieben.

Und so fand der Aufstand nicht statt.

Vor kurzem diskutierte man fast überall das Problem, das jenes unverständliche, ja rätselhafte Verhalten der Juden im Europa der Konzentrationslager aufgeworfen hat. Warum sind sie in die Nacht gegangen wie Vieh in den Schlachthof? Diese bedeutende, ja wesentliche Frage, die an die zeitlose Wahrheit des Menschen rührt, bewegt die Menschen reinen Gewissens; plötzlich haben sie das Bedürfnis, schnell besänftigt zu werden, sie wollen die Namen der Schuldigen wissen und den Sinn der Geschichte ergründen, die sie nur als Mittelsperson erlebt haben. Daher holt man plötzlich all diese Millionen Juden, die die sogenannte zivilisierte Gesellschaft im Schweigen, dann im Vergessen hatte verzweifeln und sterben lassen, an die Oberfläche zurück, um sie in einer Sintflut aus Worten zu ertränken. Und da wir in einer Zeit leben, in der das Geschwätz zum König gekürt wird, lassen es die Toten mit sich geschehen. Man teilt ihnen die Rolle von Gespenstern zu und bombardiert sie mit Fragen: „Wie war es eigentlich? Was fühlten Sie, als sich in Minsk, Kiew und Kolomea die Erde vor euren Augen öffnete und eure Söhne und Gebete verschlang? Was dachtet ihr, als ihr aus dem Schoß der Erde das Blut – euer Blut – aufspritzen saht bis zur Sonne? Erzählt, sprecht, wir wollen es erfahren und mit euch leiden, wir haben noch einige Tränen in Reserve – sie schmerzen, gerne würden wir sie loswerden."

Und schließlich bedauern sie die gute alte Zeit, in der dieses Thema, noch dem Bereich der geheiligten Erinnerung zugehörig, als tabu galt, den Eingeweihten vorbehalten, die es nur mit Scham und Furcht erwähnten, den Blick zu Boden gesenkt, zitternd vor unterwürfiger Bescheidenheit, denn sie wußten, daß sie arm waren, und erkannten die Grenzen der gesprochenen und geschwiegenen Sprache.

Im Namen des objektiven Denkens und der historischen Forschung befaßt sich nun alle Welt ohne die geringste Verlegenheit mit diesem Thema. Allen Intelligenzschichten auf der Suche nach geistigem Stimulans zugänglich, ist dieser Komplex als Konversationsthema in Mode gekommen. Warum nicht? Das ersetzt Brecht, Kafka und den Kommunismus –

Themen, die zerredet und verbraucht sind. In den intelligenten Kreisen – oder solchen, die es sein wollen – New Yorks und zweifellos anderer Städte – warum nicht? – ist keine Abendgesellschaft wirklich gelungen, wenn Auschwitz in der Diskussion nicht genannt wird, in einer Diskussion, die eher die Wahrscheinlichkeit anstrebt als die Wahrheit, die sich jenseits der Sprache angesiedelt hat. Ein hervorragendes Mittel, die Langeweile zu verscheuchen und die Leidenschaften zu entflammen. Erwähnen Sie einige kürzlich erschienene Werke, die dieses Problem behandeln, und Sie werden sehen, wie die Geister erwachen, der eine brillanter und arroganter als der andere. Psychiater, Schauspieler und Romanciers – alle haben sie eine Meinung, jeder ist imstande, alle Antworten zu geben und alle Geheimnisse zu erhellen: die kalte Grausamkeit des Henkers und den Schrei seines Opfers, sogar das Schicksal, das sie zusammengeführt hat, auf der gleichen Bühne zu spielen, auf dem gleichen Friedhof. Das ist einfach wie „Guten Tag". Wie der Hunger, wie der Durst und der Haß. Es genügt, die Geschichte zu verstehen, die Soziologie, die Politik, die Psychologie oder die Volkswirtschaft (Meine Damen und Herren, treffen Sie Ihre Wahl!); es genügt, wenn man zu zählen versteht und die Grundwahrheit annimmt: überall ist A + B = C. Wenn die Toten tot sind, wenn so viele Tote tot sind, so, weil sie ihren Tod wünschten, weil sie von ihm angezogen, weil sie von ihren Instinkten zu ihm getrieben wurden. Über die Abweichungen der vorgebrachten Theorien hinweg sind sie sich einig, daß die Opfer, da sie beim Spiel des Henkers mitmachten, seine Schuld teilen.

Diese verblüffende Schlußfolgerung war neu. Bisher gab man den Juden die Schuld an allem, was unter der Sonne vorfiel – am Tod Jesu, an den Bruderkriegen, an den Hungersnöten, an der Arbeitslosigkeit und an den Revolutionen: sie verkörperten das Böse. Jetzt macht man sie für ihren eigenen Tod verantwortlich: sie verkörpern diesen Tod. Daher bleibt das Judenproblem weiterhin dieses *no man's land* des Geistes, wo ein jeder in aller Freiheit alles und jedes sagen kann – ein

Spiel, bei dem jeder Einsatz gewinnt. Allein die Toten sind die Verlierer, doch das scheint zu den Spielregeln zu gehören.

In diesem Spiel – denn um nichts anderes handelt es sich – ist es leicht, den Toten die Schuld beizumessen und sie der Schuld oder der Komplizenschaft zu bezichtigen – im konkreten wie im metaphysischen Sinn des Begriffs. Ich behaupte, daß dieses Spiel einen demütigenden Aspekt enthält. Im Namen der Verstorbenen zu sprechen und zu sagen: „Nach diesen oder jenen Motiven haben sie gehandelt, diese oder jene Gründe haben ihren Willen geschwächt ..." – genau das heißt, sie zu demütigen. Ich behaupte, die Toten haben anderes verdient als diese posthume Demütigung. Ich habe nie genau begriffen, warum man sich in der jüdischen Religion bei der Berührung eines Leichnams verunreinige; jetzt beginne ich zu verstehen.

Laßt sie also in Ruhe. Grabt diese Toten ohne Begräbnis nicht aus. Laßt sie, wo sie für immer bleiben sollten, laßt sie, wie sie für immer sein sollten: Wunden und unermeßlicher Schmerz, selbst in eurem eigenen Innern. Freut euch, daß sie nicht erwachen und auf die Erde zurückkommen, um die Lebenden zu richten. An dem Tag, da sie euch sagen würden, was sie gesehen und gehört haben oder was ihnen am Herzen liegt, sind alle Fluchtwege versperrt; ihr werdet euch die Ohren verstopfen vor lähmender Angst und brennender Scham.

Ich verstehe, daß man die Geschichte sezieren will und den inständigen Wunsch hat, die Vergangenheit und die sie beherrschenden Kräfte einzukreisen: nichts ist natürlicher. Keine Frage ist für den Menschen unseres Zeitalters bedeutender als die Frage nach Auschwitz und Hiroshima – ich meine das Hiroshima von morgen. Die Zukunft erfüllt uns mit Angst, mit Scham die Vergangenheit, und beide Gefühle, beide Ereignisse sind eng miteinander verknüpft wie die Ursache mit der Wirkung; Auschwitz wird die Ursache für das Hiroshima von morgen sein, und wenn das Menschengeschlecht durch die Atombombe ausgelöscht sein wird, so ist dies die Strafe für Auschwitz, wo in der Asche die Verheißungen des Menschen verglommen.

Lots unruhige Frau hatte recht, als sie sich umblicken wollte und sich nicht fürchtete, in ihrem Blick das Brandmal der aufgezehrten Hoffnung mitzunehmen. „Wisse, woher du kommst", sagen die Weisen Israels. Nur hängt es von der inneren Einstellung des Menschen ab, der sich zum Ursprung zurückwendet: geschieht es aus reiner intellektueller Neugier, so wird ihm seine Vision in ein Salon-Standbild verwandeln. Unglücklicherweise mangelt es uns kaum an Standbildern, schlimmer: sie sprechen wie der Prediger auf dem Berg.

Ich lese und höre also diese hervorragenden Gelehrten und Professoren, die, nachdem sie alle Bücher gelesen und alle Theorien gegenübergestellt haben, ihre Gelehrtheit ausrufen und ihre Macht, alles zu durchleuchten und alles zu erklären, indem sie einfach klassifizieren.

Wenn mich manchmal in der Morgendämmerung der erste Schrei der ersten Nacht in der Welt des Stacheldrahtes aus dem Schlaf reißt, dann packt mich das Verlangen, all diesen illustren Schriftstellern, die behaupten, bis ans Ende vorzustoßen, zu sagen: „Ich bewundere euch, denn ich stolpere, wenn ich diesen Weg einschlage; ihr wollt alles wissen – auch hier bewundere ich euch, denn ich weiß nichts. Ich bin unfähig – denn es wäre Blasphemie –, das erschreckte Lächeln dieses Kindes zu entziffern, das seiner Mutter entrissen und in eine brennende Fackel verwandelt wurde. Es gelingt mir auch nicht – und wird mir niemals gelingen –, den Schatten zu verstehen, der in diesem Augenblick die Augen der Mutter überzog. Euch gelingt es sicher, ihr habt Glück, ich sollte euch beneiden, aber ich beneide euch nicht. Ich stelle mich lieber auf die Seite des Kindes und der Mutter, die starben, bevor sie die Formeln und die Phraseologie erfuhren, auf denen eure Wissenschaft basiert."

Auch ziehe ich es vor, mich auf die Seite Hiobs zu stellen, der die Fragen und nicht die Antworten, das Schweigen und nicht das Reden gewählt hat. Hiob hat seine eigene Tragödie niemals begriffen, die letzten Endes nur die Tragödie eines von Gott verratenen Menschen ist; ungleich schwerer wiegt es, von seinesgleichen verraten zu werden. Das Schweigen dieses einsamen und geschlagenen Menschen dauerte drei Tage und drei Nächte; erst als er sich mit seinem Elend identifizierte, glaubte er das Recht erlangt zu haben, Gott zu befragen. Vor dem Beispiel Hiob müßte sich unser Schweigen bis jenseits der kommenden Jahrhunderte verlängern. Und ihr wagt es, kraft eures Wissens zu sprechen, ihr wagt zu sagen: ich weiß, wie und warum die Opfer Opfer und die Henker Henker waren? Ihr wagt den Todeskampf und die Angst, die Verleugnung ihres Glaubens und den Glauben von sechs Millionen Menschen, die alle Hiob heißen, zu interpretieren? Wie könnt ihr wagen, sie zu richten?

Ein Freund im besten Mannesalter las eine Nacht hindurch die Berichte über die Menschenopfer im Warschauer Ghetto; am Morgen sah er in den Spiegel, und er erblickte einen Fremden: seine Haare waren weiß geworden. Ein anderer verlor nicht seine Jugend, sondern den Verstand. Er tauchte in die Vergangenheit ein, und dort ist er noch immer. Ab und zu besuche ich ihn im Krankenhaus – wir sehen uns an, und wir schweigen. Eines Tages raffte er sich auf und sagte:

„Vielleicht müssen wir weinen lernen."

Ich müßte die Gelehrten und Denker beneiden, die sich rühmen, diese Tragödie eines ganzen Volkes zu verstehen; mir gelingt es nicht, die Tragödie zu erklären, die nur *einen* beliebigen seiner Söhne geschlagen hat.

Ich habe nichts gegen ihre Fragen: sie sind gültig, sie allein sind gültig. Wenn wir uns von ihnen abwenden, verfehlen wir unsere Aufgabe und verspielen die einzige Chance, eines Tages ein glaubwürdiges Leben führen zu können. Ich erhebe mich gegen ihre Antworten – gleichgültig worauf sie begründet sind. Hier gibt es keine Antworten. Jede dieser Thesen enthält vielleicht ein Stückchen Wahrheit, ihre Summe kann nicht einfangen, was damals in der Nacht geschah: sie liegt außerhalb der Wahrheit. Die Ereignisse dieser Zeit gehorchen keinen Gesetzen, und keine Gesetze leiten sich aus ihnen ab. Die untersuchte Materie besteht aus Tod und Geheimnis, sie gleitet durch die Finger, sie ist schneller als unsere Wahrnehmung: sie ist überall und nirgends. Die Antworten erschweren nur die Fragen: die Gedanken und Worte müssen sich schließlich an einer Mauer stoßen, die höher ist als der Himmel – einer unendlichen Mauer aus menschlichen Körpern.

Seit zwanzig Jahren ringe ich mit diesen gleichen Fragen. Nichts einfacher, als diese oder jene Lösung anzubieten: die Sprache bringt alles wieder in Ordnung. Lösungen stehen in keiner Beziehung zu den Fragen. Ich kann nicht glauben, daß eine ganze Generation Väter und Söhne im Abgrund verschwunden sei, ohne ein Geheimnis zu schaffen, das uns in Staunen versetzt und bezwingt. Noch immer begreife ich nicht, was vorgefallen ist, wie und warum es passieren konnte. Alle Worte im Munde der Philosophen und Psychologen wiegen die schweigenden Tränen des Kindes und seiner Mutter nicht auf, die ihren Tod zweimal starben. Was soll man tun? In meinen Rechnungen führen alle Additionen zum gleichen Ergebnis: sechs Millionen.

Vor einigen Monaten traf ich in Jerusalem zufällig einen der drei Richter des Eichmann-Prozesses. Dieser kluge und hellsichtige Mann mit unbeugsamem Charakter ist – um einen Lieblingsausdruck Camus' zu gebrauchen – Person und Persönlichkeit zugleich. Er ist ein Gewissen.

Er lehnte es ab, über die verfahrenstechnische oder rechtliche Seite des Prozesses zu diskutieren. Ich sagte ihm, daß mich dieser Punkt nicht interessiere, und stellte ihm folgende Frage:

„Sie müßten – nach ihrer Funktion in diesem Prozeß – über das Ausmaß des jüdischen Menschenopfers mehr wissen als jedes Lebewesen, mehr sogar als alle, die das Opfer darbrachten oder in ihrem Gedächtnis bewahren. Sie haben alle Dokumente studiert, alle Geheimberichte gelesen und alle Zeugen befragt. Antworten Sie mir: *Verstehen* Sie, was während dieses kurzen Abschnitts der Vergangenheit sich ereignet hat, *verstehen* Sie diese paar Seiten Geschichte?"

Er erschauderte unmerklich, dann gestand er mit sanfter, unendlich demütiger Stimme:

„Nein, keineswegs. Ich kenne die Fakten und die Ereignisse, die den Rahmen bildeten; ich kenne Minute für Minute den Ablauf der Tragödie, doch diese Kenntnis hat, da sie von außen kommt, nichts mit dem Verstehen gemein. Etwas wird immer Geheimnis bleiben, eine Art verbotener Zone, unzugänglich der Vernunft. Glücklicherweise übrigens; ohne ..."

Er unterbrach sich. Er lächelte etwas schüchtern und traurig: „Vielleicht ist dies das Geschenk, das Gott in einem Augenblick der Gnade dem Menschen gemacht hat: er hindert ihn, zu verstehen, und rettet ihn somit vor dem Wahnsinn oder Selbstmord."

Selten findet ein Mensch, der die flammenden Nächte „dort unten" nicht erlebt hat, den richtigen Ton; dieser Richter bildete eine Ausnahme. In Wahrheit bedeutet Auschwitz nicht nur das Scheitern der zweitausendjährigen christlichen Zivilisation, sondern die Niederlage der Intelligenz, die in der Geschichte einen SINN – groß geschrieben – finden will. Die Geschichte, die Auschwitz geschrieben hat, ist sinnlos. Der Henker tötete für nichts, das Opfer starb für nichts. Kein Gott befahl dem Henker, die Scheiterhaufen zu errichten, und dem Opfer, sie zu besteigen. Im Mittelalter wählten die Juden den Tod, weil sie überzeugt waren, daß ihr Opfer SEINEN NAMEN verherrliche und heilige. In Auschwitz waren die Opfer sinnlos, im Unglauben dargebracht, dem göttlichen Atem entrückt. Das Leiden eines Menschen kann einen Sinn haben, nicht das Leiden der sechs Millionen. Zahlen haben ihre Bedeutung und Größe: nach Piotr Rawicz beweisen sie, daß Gott wahnwitzig geworden ist.

Ich habe dem Eichmann-Prozeß beigewohnt und den Generalstaatsanwalt gehört, der die Zeugen zum Sprechen bringen wollte und sie aufforderte, sich zu entdecken und die verborgensten Kammern ihres Inneren zu erforschen: „Warum haben Sie keinen Widerstand geleistet? Warum haben Sie Ihre Mörder, die in der Minderzahl waren, nicht überrannt?"

Bleich, gehemmt und verlegen gaben die Davongekommenen alle die gleiche Antwort: „Sie können das nicht verstehen.

Wer nicht ‚dort unten' gewesen ist, kann es sich nicht vorstellen."

Ich bin in Auschwitz gewesen und verstehe immer noch nichts. Ich verstehe das Kind nicht, das im Warschauer Ghetto in sein Tagebuch schrieb: „Ich habe Hunger und ich friere: Wenn ich groß bin, möchte ich Deutscher sein, und dann werde ich keinen Hunger mehr haben und nicht mehr frieren."

Ich verstehe noch immer nicht, warum ich mich nicht auf den Kapo geworfen habe, der vor meinen Augen meinen Vater schlug. In Galizien schaufelten die Juden ihre eigenen Gräber, stellten sich ohne eine Spur von Panik an den Erdwall und erwarteten das Knattern der Maschinengewehre. Ich verstehe ihre Ruhe nicht. Auch diese Frau, diese Mutter, in einem Bunker irgendwo in Polen verstehe ich nicht; ihre Leidensgenossen hatten ihr Baby erstickt, weil sie fürchteten, seine Schreie könnten sie verraten. Und diese Frau, diese Mutter, die diese Szene von biblischer Intensität erlebt hat, ist nicht wahnsinnig geworden. Ich verstehe sie nicht: warum, nach welchem Recht und in wessen Namen ist sie nicht wahnsinnig geworden?

Ich weiß nicht warum, doch ich verbiete Ihnen, sie zu fragen. Die Welt schwieg, als man die Juden massakrierte, als man sie auf einen brennbaren Gegenstand reduzierte; hätte sie wenigstens den Anstand, auch jetzt zu schweigen! Ihre Fragen, die Sie an den Henker hätten richten sollen, kommen etwas zu spät. Quälen Sie die Fragen? Lassen die Fragen Sie nicht in Frieden schlafen? Das ist gut so. Sie wollen alles erfahren und verstehen, um die Seite umzublättern und sich sagen zu können: die Angelegenheit ist abgeschlossen und alles zur Ordnung zurückgekehrt. Erwarten Sie nicht, daß Ihnen die Toten zu Hilfe kommen. Das Schweigen der Toten wird die Toten überleben.

Sie haben Fragen? Ausgezeichnet. Sie wollen die Fragen dem Henker nicht stellen – der glücklich, vielleicht in Ehren zu Hause, in Deutschland, lebt –, nun, geben Sie die Fragen an andere weiter, an jene, die behaupten, nicht mitgespielt zu haben, an jene, die sich durch ihre Passivität zu Komplizen machten. Ihre „Unkenntnis" der Tatsachen entschuldigt sie schwerlich – sie war gewollt.

In London und in Washington, in Basel und in Stockholm waren die höheren Beamten über jeden Transport unterrichtet, der seine menschliche Fracht in die Aschenlandschaft, in das Reich des Nebels brachte. 1942/43 hatten sie bereits Fotos in Händen, die die Berichte illustrierten; sie wurden für „vertraulich" erklärt, ihre Publikation untersagt.

Keine Stimme erhob sich, um dem Henker zu sagen, daß der Tag der Strafe nahe sei; keine Stimme tröstete die Opfer und sagte ihnen: es wird eine Strafe geben, die Herrschaft der Nacht ist nicht von Dauer.

Eichmann war vielleicht nur ein kleiner Biedermann, Hitler-Deutschland wimmelte von kleinen Biedermännern wie er, die alle darauf achteten, daß die Todesmaschine reibungslos und wirksam lief. Große und Kleine, alle wußten sie, daß sie in einem Punkt – die Judenpolitik der Nazis – nach ihrer Niederlage keine Rechnung zu begleichen hätten: das Los der Juden interessierte niemand. Eines Tages würden sie die besetzten Gebiete zurückgeben, eventuell den Siegern Reparationszahlungen leisten müssen – das ist normal. Die Judenfrage wog leicht. Die Alliierten scherten sich nicht darum, was die SS mit ihren Juden machte: ungestraft konnten die Eichmänner handeln. Nur so wird verständlich, wie Heinrich Himmler, der Großmeister der Todeslager, gegen Ende des Krieges die Möglichkeit erwägen konnte, er sei für die westlichen Alliierten der geeignetste Gesprächspartner, um einen Separatfrieden zu erzielen. Daß ihn die Tatsache, die Ausrottung ganzer jüdischer Bevölkerungsteile geleitet zu haben, disqualifizieren könnte, ist ihm nicht einmal in den Sinn gekommen. Und als Eichmann mit geheuchelter Ironie erklärte, daß kein Land an der Rettung der Juden interessiert gewesen sei, sagte er die Wahrheit. Eichmann log, wenn er über seine eigene Rolle, nicht wenn er über die Rolle des gegnerischen oder neutralen Lagers sprach.

Tatsächlich haben die Deutschen, eher besessen vorsichtig als impulsiv, ihre antijüdische Politik Schritt für Schritt entwickelt, nach jeder Maßnahme, nach jedem Schlag schöpften sie Luft, um die Reaktion abzuwarten. Zwischen den einzelnen Stufen lag jeweils eine Zeit des Aufschubs, der Ruhe: von den Nürnberger Gesetzen bis zur Kristallnacht, von den Enteignungen bis zu den Deportationen, von den Ghettos bis zur Massenliquidation. Nach jeder Infamie erwarteten die Deutschen leidenschaftliche Wellen entfesselten Protestes der freien Welt; sie erkannten schnell ihren Irrtum: man ließ sie gewähren. Sicher gab es hier und dort einige entrüstete Reden oder Leitartikel, doch dabei blieb es. In Berlin wußten sie, woran man sich halten konnte. Sie sagten sich: Wenn uns grünes Licht gegeben wird, können wir in Ruhe weitermachen. Sie waren darüber hinaus in aller Ernsthaftigkeit überzeugt, die anderen Völker wären ihnen eines Tages dankbar, diese Arbeit für sie verrichtet zu haben. Fast alle Nazigrößen erwähnten diese Vorstellung in ihren Büchern und Reden. Sie töteten die Juden nicht allein zum Wohle Deutschlands, sondern zum Wohle der Welt. Man sollte den Deutschen nicht vorhalten, nur an sich gedacht zu haben.

Ich glaube, die freie Welt hätte durch eine energische Aktion, durch eine unzweideutige Stellungnahme die Deutschen zum Rückzug, wenigstens zu bescheidenerem Denken bewegen können. Das Ausbleiben dieser Aktion konnte für Berlin nur die schweigende, uneingestandene Zustimmung der alliierten Mächte bedeuten. Es genügt, die Zeitungen jener Jahre durchzublättern, um des menschlichen Abenteuers auf dieser Erde überdrüssig zu werden: trotz der Schrecken und seiner gewaltigen Verzweigung nahm das Ereignis „Konzentrationslager" insgesamt weniger Platz ein als der unbedeutendste Verkehrsunfall.

Ein Irrtum zu glauben, den Gefangenen wäre dieser Sachverhalt verborgen geblieben. Da sie sich vom Rest der Menschheit verlassen, ausgestoßen und verleugnet wußten, wurde ihr stolzer, aber gefügiger Gang in den Tod zu einem Akt der Klarheit und des Protestes, nicht der Zustimmung und der Schwäche.

Ich habe weiter oben dargestellt, warum der Transport, zu dem ich gehörte, am Abend unserer Ankunft nicht revoltierte. Nur dies noch: die jungen Burschen wollten die Außenwelt alarmieren; sie waren noch so naiv und glaubten, die Deutschen verrichteten ihre Arbeit wie Diebe im geheimen; sie nahmen an, die Alliierten wären nicht unterrichtet, da sie sonst dem Massaker sofort Einhalt geboten hätten. „Wir werden kämpfen!" riefen sie. „Wir werden das Schweigen brechen, und die Welt wird erfahren, daß Auschwitz eine Realität ist." Niemals werde ich den Greis vergessen, der mit ruhiger, mit schrecklich ruhiger Stimme ihnen antwortete: „Ihr seid jung und tapfer, meine Kinder. Die Welt weiß. Sie wußte es vor uns, doch es kümmert sie nicht, nicht eine Minute würde sie verlieren, um an unser Los zu denken. Euer Aufstand wird ohne Echo bleiben." Der Greis hatte ohne Verbitterung gesprochen, er konstatierte die Fakten. Als Pole hatte er zwei Jahre zuvor das Massaker an seiner Familie erlebt. Ich weiß nicht, wie es ihm gelungen ist, zu entkommen und heimlich die Grenze zu überschreiten, bevor er als Flüchtling zu uns kam. „Spart eure Kräfte für später auf", riet er uns Jungen. „Verschwendet sie nicht." Wir gaben nicht nach: „Auch wenn Sie recht haben, wenn es stimmt, was Sie sagen, ändert das nicht die Lage. Beweisen wir Mut und Würde! Zeigen wir den Mördern und der Welt, daß die Juden als freie Männer und nicht als gebrochene Kranke sterben!" – „Als Lektion gefällt mir das", sagte der Greis. „Allein, sie verdienen es nicht."

Wir erhoben den Kopf, und während unsere Lippen den Kaddisch murmelten, marschierten wir vorwärts; Eroberern gleich zogen wir zu den Pforten des Todes, wo der elegante Arzt, Dr. Josef Mengele – weiße Handschuhe, Monokel und das übrige –, den geheiligten Ritus der Selektion erfüllte.

Ich schäme mich nicht, zuzugeben, daß der Greis die Dinge richtig gesehen hat. Hätten die Juden in der Außenwelt Verbündete gehabt, Menschen, die nicht zur Seite blicken, sie hätten vielleicht anders gehandelt. Allein die Deutschen interessierten sich für die Juden. Die anderen zogen es vor, nichts zu sehen, nichts zu hören, nichts zu wissen. Die Einsamkeit der Juden in den Fängen des wilden Tieres kennt keinen Präzedenzfall in der Geschichte. Die Einsamkeit war total. Der Tod bewachte alle Ausgänge.

Es war schlimmer als im Mittelalter. Die aus Spanien verjagten Juden wurden in Holland aufgenommen. In einem Land verfolgt, fanden sie Zuflucht in einem anderen. Doch während der Hitler-Ära schien die Konspiration gegen sie weltweites Ausmaß angenommen zu haben. Die Engländer verschlossen ihnen die Pforten nach Palästina, die Schweiz nahm nur die Reichen – später die Kinder – auf, während die Armen und Alten, denen das Recht auf Leben verweigert wurde, in die Finsternis zurückgestoßen wurden. „Selbst wenn ich eine Million Juden hätte verkaufen können, wer hätte sie genommen?" fragte Eichmann nicht ohne Sarkasmus. Auch hier sagte er die Wahrheit. „Was sollen wir denn mit einer Million Juden anfangen?" echote der ehrenwerte Lord Moyne, britischer Minister in Kairo. Alle Länder, nicht allein Deutschland, schienen beschlossen zu haben, im Juden nur eine Art Untermensch, ein nutzloses, andersartiges Wesen zu sehen: sein Verschwinden ist belanglos und belastet nicht das Gewissen. Ein Wesen, auf das der Begriff menschlicher Brüderlichkeit nicht zutrifft; ein Wesen, dessen Tod uns nicht erniedrigt, ein Wesen, mit dem man sich nicht identifiziert. Also kann man alles mit ihm machen, ohne die Gesetze des Geistes zu verletzen; also kann man ihm Freiheit und Freude rauben, ohne das Ideal des Menschen zu verraten. Oft habe ich mich gefragt, wie die Welt reagiert hätte, wenn die Nazimaschine Tag für Tag nicht zwanzigtausend Juden, sondern zwanzigtausend Christen zermalmt und verglüht hätte. Es ist besser, nicht zuviel nachzudenken ...

Ich spreche nicht so ausführlich über die Schuld der Welt, um die Schuld der Deutschen abzutragen oder das Verhalten ihrer Opfer zu „erklären", ich halte mich hier auf, weil die Welt zum Vergessen neigt.

Beispielsweise die Tatsache, daß wir in Siebenbürgen im Frühjahr 1944 nicht wußten, was sich in Deutschland abspielte, beweist diese Schuld der Welt. Wir hörten ausländische Rundfunkstationen, Moskau und London: keine Sendung warnte uns vor den Transporten, keine Sendung enthüllte uns die Existenz von Auschwitz. Ich erinnere mich, als ich 1943 in einer ungarischen Zeitung drei Zeilen über den Aufstand im Warschauer Ghetto las, bemerkte meine Mutter: „Warum haben sie das getan? Warum erwarten sie nicht *in Ruhe* das Ende der Feindseligkeiten ab?" Hätten wir die Wahrheit erfahren, wir hätten fliehen und uns verstecken können: die russische Front war dreißig Kilometer entfernt. Doch man ließ uns in Unkenntnis.

Sollte ich auch Anstoß erregen, ich muß betonen, daß die Opfer unter der Indifferenz der Zeugen mehr und tiefer gelitten haben als unter den Mißhandlungen der Henker. Die Grausamkeit des Feindes wäre unfähig, den Gefangenen zu zerbrechen; es ist das Schweigen der Menschen, in denen er seine Freunde sieht, diese feigere und subtilere Grausamkeit, die ihm einen Stich ins Herz versetzt.

Wir konnten auf niemand mehr zählen: diese Feststellung wurde in den Lagern zur Gewißheit. Von nun an lebten wir in der Wüste, im leeren Raum: getilgt aus der Geschichte. Diese Überzeugung vergiftete den Lebenswillen. Wenn dies das Gesicht der Welt ist, in die wir geboren wurden – warum sollten wir uns an sie klammern? Wenn dies das wahre Antlitz der menschlichen Gesellschaft ist, aus der wir kommen – ausgeliefert von ihr –, warum sollten wir zu ihr zurückkehren?

In Auschwitz ist nicht nur der Mensch, sondern auch die Idee des Menschen gestorben. Viele wollten nicht mehr in einer Welt leben, in der es nichts mehr gibt, in der der Henker Gott und Gerichtsherr ist. In Auschwitz hat die Welt ihr Herz verbrannt.

Man soll meine Ausführungen nicht falsch interpretieren. Ich spreche ohne Haß, ja sogar ohne Bitterkeit. Wenn ich für einen Augenblick meinen Zorn nicht bändigen kann, so nur, weil ich es schockierend, wenn nicht unanständig finde, daß ich für die Toten plädieren muß, um sie zu schützen. Denn darum handelt es sich: man gräbt sie aus, um sie an den Pranger zu schmieden. Die Fragen an die Toten sind nur Vorwürfe.

Man wirft ihnen vor, daß sie sich so verhalten haben: sie hätten anders spielen müssen, und wäre es nur, um die Lebenden zu beruhigen, damit sie weiterhin an die Größe des Menschen glauben können. Übertreibe ich? Vielleicht. Sie mögen diese Männer und Frauen nicht, für die der Himmel ein Massengrab geworden ist. Ohne Mitleid und Liebe sprechen Sie über diese Menschen. Sie jonglieren mit ihren tausend Todesarten, als handele es sich um intellektuelle Akrobatik – das Herz hat hier keinen Platz. Mehr: Sie verachten die Toten. Aus Bequemlichkeit und um Ihre Manie, alles zu klassifizieren und interpretieren, zu befriedigen, treffen Sie einige Unterscheidungen: zwischen den Deutschen und den Judenräten, zwischen den Kapos und den Ghettopolizisten, zwischen dem anonymen Opfer und dem Opfer, das eine Woche oder einen Monat Aufschub erhielt. Sie stufen sie ein und verteilen Zeugnisse über gutes und schlechtes Betragen. Sie hassen die einen mehr als die anderen, Sie stellen sich hinter die Schranke, und dann kennen Sie genau das Schuldmaß eines jeden. Doch ihre Gesamtheit erweckt in Ihnen eher Abscheu als Zorn.

Genau das werfe ich euch vor: euren maßlosen Stolz des Allwissenden. Ich werfe euch eure Anmaßung vor, über ein Geschehnis zu urteilen, das den Beweis geben sollte, daß wir arm und unsere Träume gefühllos sind.

Ich plädiere für die Toten, und ich sage nicht, daß sie unschuldig sind; ich sage nur, daß ich mir nicht das Recht zuerkenne, sie zu richten. Ihnen Unschuld zugestehen hieße bereits, sie zu richten. Ich habe sie sterben gesehen, und wenn ich das Bedürfnis habe, von Schuld zu sprechen, so spreche ich immer von meiner Schuld. Ich habe sie diese Welt verlassen sehen, und nur ich bin zurückgeblieben: oft verzeihe ich es mir nicht.

Sicher habe ich in den Lagern geschlagene, schwache und grausame Menschen gesehen. Ich gestehe ohne Zögern, daß ich sie haßte, denn die verängstigten mich und bedeuteten für mich eine größere Gefahr als die Deutschen. Ja, ich kannte die sadistischen Kapos, ich habe Juden gesehen, die ihre Brüder schlugen, und in ihren Augen erglänzte ein wildes Leuchten. Doch obgleich sie das Spiel des Henkers spielten, sind sie als Opfer gestorben. Wenn diese Bilder wieder lebendig werden, wundere ich mich, daß es so wenig verlorene Seelen und so wenig vergiftete Herzen in diesem Königreich der Nacht gab, wo man nur Haß, Verachtung und Abscheu vor sich selbst atmete. Was wäre aus mir geworden, wenn ich länger in den Lagern geblieben wäre, sagen wir fünf, sieben oder zwölf Jahre? Ich schäme mich, aber ich weiß es nicht. Bald zwanzig Jahre versuche ich die Antwort zu finden, und manchmal, nach einer schlaflosen Nacht, habe ich Angst vor der Antwort. Sie haben keine Angst. Diese Fragen, die Sie diskutieren, wie man ein Theorem oder ein wissenschaftliches Problem diskutiert, ängstigen Sie nicht. Auch das werfe ich Ihnen vor.

Seit dem Ende des Alptraums wühle ich in der Vergangenheit, deren Gefangener ich immer bleiben werde. Ich habe Angst, doch ich setze meine Suche fort. Je mehr ich vordringe, desto weniger verstehe ich. Vielleicht gibt es nichts zu verstehen.

Im Gegenteil: je weiter ich vordringe, desto mehr wird mir das Ausmaß des Verrates bewußt, dessen sich die Welt der Lebenden gegenüber der Welt der Toten schuldig machte. Manchmal fasse ich mich mit beiden Händen an den Kopf und sage mir: wenn so viele Menschen ihre Teilnahmslosigkeit zu solcher Extremität treiben, dann wird sie krankhaft, dann gleicht sie dem Wahnsinn.

Wie soll man das Verhalten der Roosevelt, Churchill und Eisenhower erklären, die ihre Entrüstung niemals ausbrechen ließen? Wie soll man das Schweigen des Papstes deuten? In London und Washington wurden einige Versuche unternommen, die Alliierten zu bewegen, die Todesfabriken oder wenigstens die zu ihnen führenden Eisenbahnlinien zu bombardieren – wie soll man ihr Scheitern erklären?

Eine der traurigsten Episoden dieses Krieges, der an traurigen Episoden nicht arm war, hatte einen polnischen Judenführer in London zum Helden: um gegen die Tatenlosigkeit der Alliierten zu protestieren und die öffentliche Meinung aufzurütteln, schoß sich Arthur Ziegelbaum, Mitglied des „Nationalen Komitees des Freien Polen" am hellichten Tag eine Kugel in den Kopf. In seinem Testament drückte er die Hoffnung aus, daß sein Protest gehört werde.

Er wurde schnell vergessen, sein Tod erwies sich als nutzlos. Er täuschte sich, wenn er glaubte, diese freiwillig blinden Menschen bewegen zu können, indem er sich weigerte, unter ihnen zu leben. Ein toter oder ein lebender Ziegelbaum: diesen steinernen Herzen war es gleichgültig. Für sie war er nur ein polnischer Jude, der von den Juden sprach und ihre Agonie erfuhr; für sie hätte er mit den anderen „dort unten" sterben können. Er ist für nichts gestorben, Arthur Ziegelbaum. Das Leben und der Krieg gingen weiter: der Krieg gegen die Achsenmächte, die ihren Krieg gegen die Juden weiterführten. Und die Welt verstopfte sich die Ohren und verschloß die Augen. Die Zeitungen veröffentlichten manchmal einige Zeilen: das Ghetto in Lodz wurde liquidiert; die Zahl der umgebrachten europäischen Juden überstieg zwei oder drei Millionen. Kommentarlos, als handelte es sich um normale Vorfälle, wurden diese Nachrichten publiziert: es schien üblich zu sein, daß sich die Juden von den Nazis umbringen ließen. Niemals war das jüdische Volk einsamer gewesen.

Je tiefer ich wühle, desto mehr Gründe finde ich, die Hoffnung aufzugeben. Oft habe ich Angst, diese Büchse der Pandora zu öffnen: jedesmal springt aus ihr ein neuer Schuldiger hervor. Ist sie denn bodenlos, diese verflixte Büchse? Nein, sie hat keinen Boden.

Meine Darlegungen sind bar des Hasses – ich wiederhole es. Der Haß ist keine Lösung. Die Ungarn verfolgten die Juden leidenschaftlicher als die Deutschen; die Rumänen waren wilder als die Deutschen; die Slowaken, Polen und Ukrainer hetzten die Juden tückisch, fast liebevoll. Vielleicht sollte ich sie hassen, das würde mich heilen. Doch ich bin unfähig zu hassen. Wenn der Haß eine Lösung wäre, hätten die Überlebenden beim Verlassen der Lager die Welt in Brand stecken müssen.

Überall die gleiche Argumentation: uns trifft keine Schuld,

wir wußten nichts, wir glaubten nichts, wir waren machtlos. Wenn diese Rechtfertigungen genügen, um ihr Gewissen zu beruhigen, dann steht es schlimm mit ihnen! Ich könnte ihnen entgegenhalten, daß sie nichts wissen wollten und sich weigerten zu glauben, daß sie auf ihre Regierungen hätten einwirken können, um die Verschwörung des Schweigens aufzudecken. Doch damit wäre die Tür zu einer Diskussion aufgestoßen: es ist zu spät; die Zeit der Diskussionen ist verstrichen.

Warum haben die Juden nicht den Widerstand gewählt? Warum starben sie nicht wie Soldaten, die wild und grimmig um den Sieg ihrer Sache kämpften? Welcher Sieg und welche Sache? Ich werde ein Geheimnis enthüllen, eines unter tausend – warum sich die Juden nicht gewehrt haben: um euch zu strafen, um euch einer späten Rache auszuliefern. Wenn die Juden der Dörfer und Städte in der Ukraine und Galizien, in Ungarn und der Tschechoslowakei sich zu endlosen nächtlichen Prozessionen formierten und der Ewigkeit entgegenzogen – sie schienen eine unbefleckte Freude mit sich zu tragen, jene Freude, die die Ekstase ankündigt –, so geschah dies, um euch die letzte Wahrheit derer, die man am Rande der Geschichte opfert, wissen zu lassen; sie besagt: ihr, die um diesen Preis weiterlebt, verdient nicht einmal diese Lektion ernster Würde und stolzen Mutes, die wir euch trotz allem erteilen, wenn wir erhobenen Hauptes dem Tod ins Gesicht sehen und auf ihn zugehen mit der Freude, diese Kraft und diesen Stolz in uns zu bewahren.

Bevor ich schließe, richte ich eine Bitte an Sie: bemühen Sie sich nicht zu verstehen, blicken Sie zu Boden und bemühen Sie sich nicht zu verstehen. Jede rationelle Erklärung wäre esoterischer als eine mystische Interpretation. Die Toten nicht zu verstehen ist eine Möglichkeit, ihnen eine alte Schuld zu zahlen, ist die einzige Möglichkeit, sie um Vergebung zu bitten.

Vor meinen Augen steht auf dem Schreibtisch ein Photo – aufgenommen von einem deutschen Offizier –, das einen Vater kurz vor seiner Erschießung zeigt; er spricht gelassen zu seinem Sohn, während sein Finger in den Himmel weist. Manchmal höre ich wieder seine träumerische Stimme: „Siehst du, mein Sohn, wir werden sterben, und der Himmel ist schön. Vergiß nicht, daß es zwischen beidem eine Verbindung gibt." Oder er sagte: „Wir werden sterben, mein Sohn, dennoch stürzt der Himmel, der so heiter und hell ist, nicht im Getöse des Weltendes ein; hörst du sein Schweigen; höre es! Man darf es nicht vergessen." Würde ich diesem Vater eine Frage stellen, irgendeine Frage, er würde mir antworten. Doch ich senke meinen Blick auf das, was von ihm geblieben ist – und schweige.

Und ich schweige, wenn vor meinen Augen das Bild dieses Rabbi aufsteigt, der im Warschauer Ghetto unbeugsam und unbesiegbar vor einer Gruppe SS-Männer stand; sie fanden ihren Spaß daran, ihn zu schinden und zu demütigen. Er litt, aber er ließ sich nicht demütigen. Einer der Soldaten schnitt ihm lachend seinen Bart ab, doch der Rabbi blickte ihm, ohne zu wanken oder eine Miene zu verziehen, unverwandt in die Augen. Schmerz, doch auch Herausforderung spiegelte sich in diesem Blick: der Blick eines Mannes, der stärker ist als das Böse, obwohl das Böse der Sieger ist, stärker als der Tod, obwohl der Tod die Maske eines Schmierenkomödianten trägt; der Blick eines Mannes, der niemand etwas schuldet, nicht einmal Gott. Dieser Blick erleuchtet den unvergeßlichen Dokumentarfilm von Frédéric Rossif: „Le Temps du Ghetto." Seit ich ihn gesehen habe, trage ich ihn in mir, ich kann nicht mehr von ihm loskommen, ich will ihn nicht mehr verlassen, als wollte ich immer daran erinnert sein, daß es noch, daß es immer irgendwo auf der Welt Blicke geben wird, die ich nie verstehen werde. Je älter ich werde, um so klarer erkenne ich, daß wir für die Toten nicht mehr viel tun können. Das Mindeste, was wir für sie – wenn nicht für uns – tun können, wäre, sie in Ruhe zu lassen, sie nicht mit unserer eigenen Schuld zu beladen. Wir nehmen an, daß die Toten die ewige Ruhe gefunden haben – stören wir sie nicht. Gefährlich, sie zu wecken: sie haben Fragen, auch sie ... Sie wiegen gleich schwer wie unsere Fragen.

Mein Plädoyer geht seinem Schluß entgegen, es wäre unvollständig, würde ich nicht über die bewaffneten Kämpfe sprechen, die die Juden trotz den Argumenten der Anklage den Deutschen geliefert haben. Fällt es mir schwer zu verstehen, warum diese Menge widerstandslos in den Tod gegangen ist, so bleibe ich ratlos gegenüber ihren Kameraden, die den Kampf gewählt haben.

Wie sie, gegen die die ganze Welt stand, in den Ghettos und Lagern Mittel und Wege zum Kämpfen fanden, wird für mich immer eine Quelle des Geheimnisses bleiben.

Die vorgeben, alle Juden hätten sich in gemeinsamer Feigheit oder Resignation den Mördern und dem Schicksal unterworfen, wissen nicht, was sie sagen, oder – das wiegt schwerer – sie fälschen wissentlich die Fakten, um irgendeine unhaltbare soziologische Theorie zu stützen oder diesen krankhaften Haß, den Haß an sich, zu rechtfertigen.

In Wahrheit gab es inmitten der Opfer eine von Männern, Frauen und Kindern gebildete Elite, die mit ihren kläglichen Mitteln den Deutschen Paroli boten. Eine Minderheit – zugegeben. Doch in welcher Gesellschaft bildet eine handelnde Elite nicht die Minderheit? Diese Elite also existierte in Warschau, Bialystok, Grodno und – Gott allein weiß, wie – sogar in Treblinka, Sobibor und Auschwitz. Es gibt Dokumente und authentische Zeugnisse, welche die Taten dieser armen Desperados berichten; bei ihrer Lektüre weiß man nicht, soll man vor Bewunderung jauchzen oder aus Wut weinen. Diese ausgehungerten Kinder, diese gehetzten Männer und geschlagenen Frauen – wie konnten sie sich mit der Waffe in der Hand der Nazi-Armee entgegenstellen, die damals unbesiegbar schien und von Sieg zu Sieg marschierte? Wo haben sie die physische Ausdauer und die moralische Kraft geschöpft? Was war ihr Geheimnis? Welchen Namen hat das Geheimnis?

Man sagt: mit der Waffe in der Hand. Welche Waffen? Es gab kaum Waffen. Sie kauften für teures Geld einen Revolver. Der Führer des Widerstands im Bialystoker Ghetto, der legendäre Mordechai Tenenbaum-Tamaroff, schildert in seinem Tagebuch – wie durch ein Wunder wurde es aufgefunden –, wie er das erste Gewehr und die erste Munition erhielt: fünfundzwanzig Kugeln. „Tränen kamen mir in die Augen. Mein Herz schien vor Freude zu zerspringen.“ Mit diesem einen Gewehr und fünfundzwanzig Kugeln sollte er und seine Kameraden das Anbranden der deutschen Armee zurückwerfen. Man kann sich leicht vorstellen, was geschehen wäre, wenn jeder der Krieger in allen Ghettos ein Gewehr erhalten hätte; ganz zu schweigen von Handgranaten und automatischen Feuerwaffen. Sie wurden ihnen verweigert.

Sämtliche Widerstandsgruppen in den besetzten Ländern erhielten von London Waffen, Geld und Funkgeräte; Geheimagenten schulten sie in der Kunst der Sabotage. Sie fühlten sich mit der Außenwelt organisch verbunden. Geriet ein Untergrundkämpfer in Frankreich oder in Norwegen in Feindeshand, so stärkte ihn das Wissen, daß irgendwo – in der Stadt oder über dem Fluß – Freunde um ihn zitterten und Himmel und Erde in Bewegung setzen würden, um ihn zu retten: seine Taten hinterließen Spuren oder Schmerz – sie zeitigten Resultate. Die Juden waren allein: die einsamsten Menschen des Krieges.

Allein ihnen wurde keine Hilfe und keine Ermutigung zuteil: man schickte ihnen weder Waffen noch Botschaften; man sprach nicht mit ihnen und wandte sich nicht an sie – die Juden existierten nicht. Sie schrien um Hilfe – über Rundfunkstationen oder in Briefen: ihre Rufe stießen auf taube Ohren. Abgeschnitten von der Welt, nahmen die Juden am Krieg teil, vollbewußt, daß die anderen von ihnen nichts wollten und sie bereits geopfert hatten. Sie warfen sich in den Kampf, vollbewußt, daß sie auf niemand zählen könnten, daß niemals Hilfe eintreffen würde, daß sie keinen Halt hätten. Mit dem Rücken zur entflammten Mauer forderten sie die Deutschen heraus: es gibt Schlachten, die man gewinnt, obwohl man sie verloren hat.

Diese Elite trat sogar in Sobibor auf, wo sie einen Ausbruch organisierte, in Treblinka, wo sie sich erhob, in Auschwitz, wo sie die Krematorien in die Luft sprengte. Die Aufständischen von Auschwitz unternahmen einen Ausbruchsversuch, doch im Kampf mit der zahlenmäßig und waffentechnisch überlegenen SS fanden alle den Tod. Den Deutschen gelang es später, vier jüdische Mädchen aus Warschau, die den Aufständischen Sprengstoff geliefert hatten, festzunehmen. Sie wurden gefoltert und zum Tode durch den Strang verurteilt. Die Hinrichtung wurde öffentlich vollzogen. Die Mädchen starben furchtlos. Die älteste war sechzehn Jahre, die jüngste zwölf Jahre alt.

Würden wir genügend Ernsthaftigkeit und genügend Demut aufbringen, müßten wir diesen Helden grenzenlose Bewunderung zollen; wir bringen sie nicht auf. Uns bleibt nur, den Kopf zu senken und zu schweigen. Uns bleibt, diesen posthumen Prozeß einzustellen, den die Intelligenzakrobaten denen machen, deren Tod die Intelligenz verwirrt. Sie wollen verstehen? Es gibt nichts mehr zu verstehen. Sie wollen etwas erfahren? Es gibt nichts mehr zu erfahren. Wer mit den Worten und den Toten spielt, wird nichts verstehen und nichts erfahren. Im Gegenteil. Die Alten sagten: „Die Wissenden sprechen nicht, die Sprechenden wissen nichts."

Sie aber ziehen es vor, zu sprechen und zu richten. Sie halten sich für stark und unverletzbar; diese Kraft in Ihnen und dieses Verlangen, sie unverletzbar zu machen – auch das werfe ich Ihnen vor. Das Menschenopfer lehrt uns, daß unsere Kraft nur trügerisch ist und daß in jedem von uns ein Opfer steckt, das sich ängstigt, friert und hungert. Das sich auch schämt.

Der Talmud lehrt den Menschen, niemals seinen Freund zu richten, wenn er sich nicht an seiner Stelle befunden hat.

Doch für euch sind die Juden keine Freunde, sie sind es niemals gewesen; weil die Juden keine Freunde hatten, sind sie tot. Lernt also zu schweigen!

Rede anläßlich der Überreichung des Friedensnobelpreises am 10. Dezember 1986 in Oslo

Mit einem tiefen Gefühl der Demut nehme ich die Auszeichnung an, die Sie mir verliehen haben. Ich weiß: Ihre Wahl weist über mich hinaus. Das erschreckt mich, aber es freut mich auch.

Es erschreckt mich, weil ich nicht weiß: Habe ich das Recht, all die vielen zu vertreten, die umgekommen sind? Habe ich das Recht, diese große Ehrung in ihrem Namen anzunehmen? ... Ich habe es nicht. Das wäre anmaßend. Niemand kann für die Toten sprechen, niemand kann sich zum Interpreten ihrer verstümmelten Träume und Visionen machen.

Es freut mich aber auch, weil ich sagen kann, daß diese Ehrung allen Überlebenden und ihren Kindern gehört, und durch uns dem jüdischen Volk, mit dessen Schicksal ich mich immer identifiziert habe.

Ich erinnere mich: Es geschah gestern oder vor Ewigkeiten. Ein junger jüdischer Knabe entdeckte das Königreich der Nacht. Ich erinnere mich an seine Bestürzung, ich erinnere mich an seine Angst. Es geschah alles so schnell. Das Ghetto. Die Deportation. Der versiegelte Viehwaggon. Der Brandaltar, auf dem die Geschichte unseres Volkes und die Zukunft der Menschheit zum Opfer gebracht werden sollte.

Ich erinnere mich: Der junge jüdische Knabe fragte seinen Vater: „Kann das wahr sein? Dies ist doch das 20. Jahrhundert, nicht das Mittelalter. Wer kann erlauben, daß solche Verbrechen begangen werden? Wie kann die Welt dazu schweigen."

Und jetzt wendet sich der Junge mir zu: „Sag mir", fragt er, „was hast du mit meiner Zukunft angefangen? Was hast du aus deinem Leben gemacht?"

Und ich erzähle ihm, daß ich es versucht habe. Daß ich versucht habe, die Erinnerung am Leben zu erhalten, daß ich versucht habe, die zu bekämpfen, die vergessen wollten. Denn wenn wir vergessen, sind wir schuldig, dann sind wir Komplizen.

Und dann habe ich ihm erklärt, wie naiv wir waren. Daß die Welt sehr wohl Bescheid wußte und trotzdem schwieg. Und das ist der Grund, warum ich geschworen habe, nie zu schweigen, wann immer und wo auch immer menschliche Wesen leiden und Erniedrigung aushalten müssen. Wir müssen immer Partei ergreifen. Neutralität hilft dem Unterdrükker, niemals dem Opfer. Schweigen ermutigt den Folterknecht, niemals den Gefolterten. Manchmal müssen wir direkt eingreifen. Wenn menschliche Leben bedroht sind, wenn die menschliche Würde in Gefahr ist, dann werden nationale Grenzen und Empfindlichkeiten irrelevant. Wo immer Männer oder Frauen verfolgt werden wegen ihrer Rasse, ihrer Religion oder ihrer politischen Anschauungen – dieser Ort muß – im selben Moment – der Mittelpunkt des Universums werden.

Da ich Jude bin, tief verwurzelt im Gedächtnis und der Tradition meines Volkes, reagiere ich selbstverständlich zunächst auf jüdische Ängste, jüdische Bedürfnisse, jüdische Krisen. Denn ich gehöre zu einer traumatisierten Generation, zu einer Generation, die die Verlassenheit und die Einsamkeit unseres Volkes erfahren hat. Es wäre unnatürlich für mich, wenn ich mir nicht jüdische Prioritäten zu eigen machte: Israel, die sowjetischen Juden, Juden in den arabischen Ländern. ... Aber es gibt andere Dinge, die für mich ebenso bedeutsam sind. Apartheid ist, in meinen Augen, ebenso verabscheuungswürdig wie Antisemitismus. Andrej Sacharows Verbannung ist für mich ebenso eine Schande wie die Tatsache, daß Josif Begun im Gefängnis sitzt. Ebenso wie die Verweigerung des Rechts, anders zu denken, für die „Solidarität" und ihren Führer Lech Walesa. Und Nelson Mandelas endlose Haft.

Es gibt soviel Ungerechtigkeit und Leiden, die ein Schrei nach unserer Aufmerksamkeit sind: die Opfer des Hungers, des Rassismus und der politischen Verfolgung, Schriftsteller und Dichter, Gefangene in so vielen Ländern, ob sie nun von der Linken oder von der Rechten regiert werden. Auf jedem Kontinent hält die Verletzung der Menschenrechte an. Es gibt mehr Völker, die unterdrückt werden, als es freie gibt. Und schließlich gibt es auch die Palästinenser, für deren Notlage ich empfinde, aber deren Methoden ich bedauere. Gewalt und Terrorismus sind nicht die Antwort. Es muß etwas getan werden für ihr Leiden, und bald. Ich vertraue auf Israel, denn ich habe Glauben an das jüdische Volk. Gebt Israel eine Chance, laßt Haß und Gefahr von seinen Grenzen verschwinden, und es wird Frieden im und um das Heilige Land geben.

Ja, ich habe Glauben. Glauben an Gott und sogar an seine Schöpfung. Ohne diesen Glauben wäre es nicht möglich zu handeln. Und zu handeln ist das einzige Heilmittel gegen die Gleichgültigkeit: die heimtückischste Gefahr von allen. Ist nicht das die Bedeutung von Alfred Nobels Vermächtnis? War nicht seine Angst vor dem Krieg ein Schutzschild gegen den Krieg?

Es gibt viel zu tun. Und es gibt viel, was getan werden kann. Eine einzige Person, ein Raoul Wallenberg, ein Albert Schweitzer, eine einzige Person mit Integrität kann einen Unterschied bewirken, einen Unterschied von Leben und Tod. Solange auch nur ein einziger Dissident im Gefängnis sitzt, wird unsere Freiheit keine wahre Freiheit sein. Solange nur ein einziges Kind hungrig ist, werden unsere Leben mit Angst und Schande erfüllt sein. Was all diese Opfer vor allem brauchen, ist das Wissen, daß sie nicht allein sind; daß wir sie nicht vergessen, daß wir ihnen unsere Stimmen leihen, wenn die ihren erstickt werden, daß ebenso, wie ihre Freiheit von unserer abhängt, die Qualität unserer eigenen Freiheit von der ihren abhängig ist.

Das ist es, was ich dem jungen jüdischen Knaben sage, der wissen will, was ich mit seinen Jahren angefangen habe. Es geschieht in seinem Namen, daß ich zu Ihnen spreche und Ihnen meine tiefste Dankbarkeit ausdrücke. Keiner ist so der Dankbarkeit fähig wie jemand, der dem Königreich der Nacht entkommen ist. Wir wissen, daß jeder Moment ein Moment der Gnade ist, jede Stunde ein Geschenk; sie nicht zu teilen hieße sie verraten. Unsere Leben gehören uns nicht mehr allein; sie gehören all denen, die uns verzweifelt brauchen. Mein Dank gilt Ihnen, Herr Aarvigk, als dem Vorsitzenden des Nobel-Komitees. Mein Dank gilt den Mitgliedern des Nobel-Komitees. Und er gilt Ihnen, den Menschen von Norwegen, dafür, daß Sie bei dieser einmaligen Gelegenheit deutlich gemacht haben, daß unser Überleben von Bedeutung für die Menschheit ist.

Hoffnung, Verzweiflung und Erinnerung

Nobelvorlesung am 11. Dezember 1986
in der Universität Oslo

Eine chassidische Legende erzählt uns, daß der große Rabbi Baal Schem Tow, Meister des Guten Namens, auch bekannt als der Bescht, eine ebenso dringliche wie gefährliche Mission unternahm: das Kommen des Messias zu beschleunigen. Das jüdische Volk, die ganze Menschheit litt zu sehr, war von zu vielen Übeln bedrängt. Sie mußten gerettet werden, und zwar rasch. Weil er versucht hatte, sich in den Ablauf der Geschichte einzumischen, wurde der Bescht bestraft; er wurde verbannt, zusammen mit seinem treuen Diener, auf eine weit entfernt gelegene Insel. Verzweifelt flehte der Diener seinen Meister an, von seinen geheimnisvollen Kräften Gebrauch zu machen, um sie beide wieder nach Hause zu bringen. „Unmöglich", antwortete der Bescht. „Meine Kräfte wurden mir genommen." – „Dann sprich, bitte, ein Gebet, rezitiere eine Litanei, wirke ein Wunder!" – „Unmöglich", erwiderte der Meister, „ich habe alles vergessen." Beide fingen sie an zu weinen.

Plötzlich wandte sich der Meister an seinen Diener und bat ihn: „Erinnere mich an ein Gebet – irgendein Gebet." – „Wenn ich es bloß könnte", sagte der Diener. „Auch ich habe alles vergessen." – „Alles – wirklich alles?" – „Ja, außer ..." – „Außer was?" – „Ausgenommen das Alphabet." Da brach der Bescht in den freudigen Ruf aus: „Worauf wartest du dann? Fang an, das Alphabet zu sagen, und ich werde es dir nachsprechen ..." Und die beiden Verbannten fingen an, zusammen zu rezitieren, zunächst flüsternd, dann immer lauter: „Aleph, beth, gimel, daleth ..." Und immer wieder, jedesmal kräftiger, immer mit mehr Feuer; bis schließlich der Bescht seine Kräfte wiedergefunden hatte, indem er sein Gedächtnis wieder erlangt hatte.

Ich liebe diese Geschichte, denn sie macht die messianische Erwartung anschaulich – die meiner eigenen entspricht. Und sie illustriert, welche Bedeutung die Freundschaft für die Fähigkeit des Menschen hat, über sein Schicksal hinauszuwachsen. Ich liebe sie vor allem deswegen, weil sie die mystische Kraft der Erinnerung betont. Ohne Erinnerung wäre unsere Existenz verriegelt und dunkel, vergleichbar einer Kerkerzelle, in die kein Licht dringt; wie ein Grab, das das Leben zurückweist. Die Erinnerung rettete den Bescht. Und wenn überhaupt irgend etwas dazu fähig ist, ist es die Erinnerung, die die Menschheit retten wird. Hoffnung ohne Erinnerung ist für mich wie Erinnerung ohne Hoffnung.

So wie ein Mensch nicht leben kann ohne Träume, so kann man nicht leben ohne Hoffnung. Wenn Träume die Vergangenheit reflektieren, so bringt uns die Hoffnung die Zukunft näher. Bedeutet dies, daß unsere Zukunft auf einer Verdrängung der Vergangenheit aufgebaut werden kann? Sicher ist, daß eine solche Schlußfolgerung nicht nötig ist. Die beiden sind nicht unvereinbar. Das Gegenteil der Vergangenheit ist nicht die Zukunft, sondern die Abwesenheit der Zukunft; das Gegenteil der Zukunft ist nicht die Vergangenheit, sondern deren Abwesenheit. Wenn eines der beiden fehlt, ist es erkauft mit dem Verlust des anderen.

Eine Erinnerung. Zeit: nach dem Krieg. Ort: Paris. Ein junger Mann kämpft damit, sich dem Leben anzupassen. Seine Mutter, sein Vater, seine kleine Schwester sind tot. Er ist allein. Am Rand der Verzweiflung. Und doch gibt er nicht auf. Im Gegenteil. Er bemüht sich, einen Platz unter den Lebenden zu finden. Er eignet sich eine neue Sprache an. Er gewinnt ein paar Freunde, die, wie er selber, daran glauben, daß die Erinnerung an das Böse als Schutzschild gegen das Böse dienen wird; daß die Erinnerung an den Tod als Schutzschild gegen den Tod dienen wird.

Dies muß er glauben, um überhaupt weiterleben zu können. Denn er ist eben zurückgekehrt aus einem Universum, wo Gott, verraten von Seinen Geschöpfen, Sein Gesicht verhüllt hat, um nichts zu sehen. Der Menschheit, diesem Juwel seiner Schöpfung, war es gelungen, einen umgekehrten babylonischen Turm zu errichten, der nicht an den Himmel reichte, sondern an den Gegen-Himmel, um dort eine parallele Gesellschaft zu schaffen, eine neue „Schöpfung" mit ihren eigenen Prinzen und Göttern, Gesetzen und Grundsätzen, Kerkerknechten und Gefangenen. Eine Welt, in der die Vergangenheit nicht mehr zählte – in der sie überhaupt nichts mehr bedeutete.

Beraubt all ihrer Besitztümer, von allen menschlichen Banden abgeschnitten, fanden sich die Gefangenen in einem sozialen und kulturellen Leerraum. „Vergeßt", wurde ihnen gesagt. „Vergeßt, von woher ihr kommt; vergeßt, was ihr wart. Nur die Gegenwart zählt." Aber die Gegenwart war nur ein Augenzwinkern des Herrn. Der Allmächtige selbst war es, der das Gemetzel anrichtete: Er war es, der entschied, wer leben und wer sterben sollte; wer gefoltert und wer belohnt werden sollte. Nacht über Nacht verschwanden scheinbar endlose Prozessionen in den Flammen, die ihren Widerschein zum Himmel warfen. Angst beherrschte dieses Universum.

In der Tat, es war ein anderes Universum; die wirklichen Gesetze der Natur waren umgekehrt. Kinder sahen aus wie Alte, Greise wimmerten wie Kinder. Männer und Frauen aus allen Ecken Europas waren plötzlich zu namenlosen und gesichtslosen Geschöpfen geworden, zu allem fähig wegen der gleichen Ration Brot oder Suppe, voller Furcht vor dem gleichen Ende. Sogar ihr Schweigen war das gleiche, weil es widerhallte im Gedächtnis derer, die schon tot waren. Das Leben in diesem verfluchten Universum war so entstellt, so unnatürlich, daß eine neue Spezies sich entwickelt hatte. Wenn man unter den Toten wachte, fragte man sich, ob man überhaupt noch am Leben war.

Und trotzdem, wirkliche Verzweiflung packte uns erst später. Danach. Als wir auftauchten aus dem Alptraum und begannen, nach Sinn zu suchen.

All diese Doktoren des Rechts oder der Medizin oder der

Theologie, all diese Liebhaber der Kunst und der Poesie, von Bach und Goethe, die kaltblütig, überlegt die Massaker anordneten und sich daran beteiligten, was hatte ihre Verwandlung zu bedeuten? Konnte irgend etwas ihren Verlust an ethischem, kulturellem und religiösem Gedächtnis erklären? Wie könnten wir jemals die Passivität der Zuschauer verstehen und – ja auch das – das Schweigen der Alliierten? Und, Frage aller Fragen: Wo war Gott in alldem? Es schien ebenso unmöglich, sich Auschwitz mit Gott vorzustellen als sich Auschwitz ohne Gott vorzustellen. Deswegen, weil alles sich geändert hatte, mußte alles neu bewertet werden. Mit einem Schlag schienen alle großartigen Leistungen der Menschheit ausradiert. War Auschwitz eine Konsequenz oder eine abwegige Verirrung der „Zivilisation"?

Alles, was wir wissen, ist, daß Auschwitz diese Zivilisation in Frage gestellt hat, ebenso wie es alles in Frage stellte, was Auschwitz vorausgegangen war: wissenschaftliche Abstraktion, sozialer und wirtschaftlicher Wettstreit, Nationalismus, Fremdenfurcht, religiöser Fanatismus, Rassismus, Massenhysterie. All das fand seinen letzten Ausdruck in Auschwitz.

Die nächste Frage mußte sein, warum weitermachen? Wenn die Erinnerung uns regelmäßig dazu zurückbrachte, warum sollte man dann hier heimisch werden? Warum Kinder in eine Welt setzen, in der Gott und Mensch sich in ihrem gegenseitigen Vertrauen betrogen?

Selbstverständlich – wir konnten den Versuch machen, das Vergangene zu vergessen. Warum auch nicht? Ist es nicht ganz natürlich für einen Menschen, das zu unterdrücken, was ihn peinigt, beschämt? Genauso wie der Körper, so schützt auch das Gedächtnis seine Wunden. Wenn nach einer schlaflosen Nacht der Tag anbricht, dann müssen die Gespenster sich zurückziehen; die Toten werden in ihre Gräber zurückbefohlen. Aber zum ersten Mal in der Geschichte konnten wir unsere Toten nicht beerdigen. Wir tragen ihre Gräber in uns selbst.

Für uns war Vergessen nie eine Möglichkeit.

Sich zu erinnern ist ein vornehmer und ein notwendiger Akt. Der Ruf des Gedächtnisses, der Appell, sich etwas ins Gedächtnis zu rufen, das erreicht uns vom Uranfang der Geschichte. Kein Gebot taucht in der Bibel so häufig auf, mit solcher Dringlichkeit.

Es ist uns als Pflicht auferlegt, daß wir uns erinnern: an das Gute, das wir empfangen, und an das Böse, das wir erlitten haben. Das Neujahrsfest, Rosch Haschana, trägt auch den Namen Jom Hazikaron, der Tag des Gedächtnisses. An diesem Tag, dem Tag des umfassenden Gerichts, appelliert der Mensch an Gott, sich zu erinnern: unsere Erlösung hängt davon ab. Wenn Gott sich unseres Leidens erinnern will, wird alles gut sein. Wenn Er es verweigert, dann ist alles verloren. So wird die Zurückweisung des Gedächtnisses zum göttlichen Fluch, zur Verwünschung, die uns verdammt, die vergangenen Katastrophen, die vergangenen Kriege zu wiederholen.

Nichts in der jüdischen Tradition provoziert so viel Schrekken und Widerstand wie der Krieg. Unsere Abscheu vor dem Krieg spiegelt sich darin, daß es bei uns kaum Literatur über Kriegsführung gibt. Schließlich hat Gott die Thora geschaffen, um Bosheit und Ungerechtigkeit abzuschaffen, um den Krieg abzuschaffen. Kriegshelden kommen im Talmud nicht gut weg: Judas Makkabäus ist nicht einmal erwähnt; Bar-Kochba wird angeführt, aber negativ. David, ein großer Krieger und Eroberer, erhält nicht die Erlaubnis, den Tempel zu bauen; es ist sein Sohn Salomon, ein Mann des Friedens, der Gottes Wohnsitz errichtet. Sicher mögen manche Kriege notwendig oder unausweichlich gewesen sein, aber keiner wurde je als „heilig" betrachtet. Für uns ist ein heiliger Krieg ein begrifflicher Widerspruch. Krieg entmenschlicht, Krieg ist eine Herabsetzung, Krieg erniedrigt all die, die ihn unternehmen. Der Talmud sagt: „Es sind die weisen Menschen, die den Frieden zustande bringen werden." – Vielleicht, weil die Weisen das beste Gedächtnis haben.

Trotzdem ist es gewiß menschlich zu vergessen, sogar vergessen zu wollen. Die alten Griechen und Römer betrachteten Vergessen als Geschenk der Götter. Und in der Tat, wenn die Erinnerung uns hilft zu überleben, das Vergessen erlaubt uns, weiterzuleben. Wie könnten wir auch in unserem täglichen

Leben fortfahren, wenn wir uns ständig der Gefahren und der gespenstischen Schatten, die uns umgeben, bewußt blieben? Der Talmud erzählt uns, daß der Mensch ohne die Fähigkeit zu vergessen bald aufhören würde zu lernen. Ohne die Fähigkeit zu vergessen würde der Mensch in einer ständigen lähmenden Angst vor dem Tod leben. Nur Gott, und Gott allein, kann und muß alles erinnern.

Wie schaffen wir es nun, unsere oberste Pflicht gegenüber der Erinnerung zu versöhnen mit der Notwendigkeit zu vergessen, die lebensnotwendig ist? Keine Generation wurde so dringlich mit dieser paradoxen Situation konfrontiert. Die Überlebenden wollten den Lebenden alles mitteilen: die Einsamkeit und das Leid der Opfer, die Tränen der Mütter, die in den Wahnsinn getrieben wurden, die Gebete der Verdammten unter dem Flammenhimmel.

Sie mußten erzählen von dem Kind, das im Versteck mit seiner Mutter fragte, leise, ganz leise: „Kann ich jetzt schreien?" Sie mußten erzählen von dem kranken Bettler, der in dem versiegelten Viehwaggon zu singen anfing, um seinen Leidensgenossen ein Geschenk zu machen. Und von dem kleinen Mädchen, das seine Großmutter umarmte und flüsterte: „Hab keine Angst, sei nicht traurig, daß du sterben mußt ... ich bin es nicht." Es war sieben, dieses kleine Mädchen, das in seinen Tod ohne Furcht ging, ohne Schmerz.

Ein jeder von uns fühlte sich gezwungen, jede Geschichte zu berichten, jede Begegnung. Jeder von uns fühlte sich verpflichtet, Zeugnis abzulegen. Dies waren die Wünsche der Sterbenden, das war das Testament der Toten. Wenn die sogenannte zivilisierte Welt für ihre Leben keine Verwendung hatte, dann laßt sie bewohnt sein von ihren Toden.

Der große Historiker Schimon Dubnov war unser Führer und unsere Inspiration. Bis zum Moment seines Todes sagte er immer und immer wieder zu seinen Gefährten im Ghetto von Riga: „Yidden, schreibt un ferschreibt – Juden schreibt es alles auf". Seine Worte wurden befolgt. Über Nacht wurden zahllose Opfer zu Chronisten und Historikern in den Ghettos, sogar in den Todeslagern. Sogar die Mitglieder der „Sonderkommandos", jene Insassen, die gezwungen wurden, die Leichen ihrer Schicksalsgenossen zu verbrennen, bevor sie selber verbrannt wurden, hinterließen außerordentliche Dokumente. Zeugnis abzulegen wurde eine Obsession. Sie hinterließen uns Gedichte und Briefe, Tagebücher und Romanfragmente, einige davon weltberühmt, andere noch unveröffentlicht.

Nach dem Krieg, versicherten wir uns selbst immer wieder, würde der Bericht über eine einzige Nacht in Treblinka genügen, würde es genug sein, von der Grausamkeit und der Sinnlosigkeit des Mordens zu erzählen und von dem Frevel, der aus der Gleichgültigkeit geboren wurde: Es müßte doch genug sein, das rechte Wort zu finden und den geeigneten Moment, um es zu sagen, um die Menschheit aus ihrer Gleichgültigkeit aufzuschrecken und die Folterer von immer neuen Quälereien abzuhalten. Wir dachten, es würde genügen, der Welt ein Gedicht vorzulesen, geschrieben von einem Kind im Ghetto von Theresienstadt, um sicherzustellen, daß kein Kind, nirgendwo, jemals wieder Hunger oder Angst aushalten müßte. Es würde genügen, eine „Selektion" im Todeslager zu beschreiben, um sicherzustellen, daß Menschenrecht und Menschenwürde niemals mehr verletzt würden.

Wir dachten, es würde genügen, von der Flutwelle des Hasses zu erzählen, die über das jüdische Volk hereingebrochen war, und die Menschen überall würden entscheiden, daß ein für allemal ein Ende sei mit dem Haß gegen jemand, der „anders" ist, sei er schwarz oder weiß, Jude oder Araber, Christ oder Muslim, ein Ende des Hasses gegen jeden, dessen Lebensausrichtung unterschieden ist, sei es in politischer, weltanschaulicher oder sexueller Hinsicht. War das naiv? Selbstverständlich. Aber es entbehrt nicht einer gewissen Logik.

Wir versuchten es. Es war nicht einfach. Zunächst wegen der Sprache; uns fehlte die Sprache. Wir wollten ein neues Vokabular finden, denn unsere eigenen Wörter waren unangemessen, kraftlos.

Und dann weigerten sich schließlich die Menschen um uns herum, zuzuhören. Und sogar solche, die zuhörten, weigerten sich zu glauben. Und selbst solche, die glaubten, konnten nicht verstehen. Wie hätten sie auch verstehen können. Keiner konnte es. Die Erfahrung der Lager sperrt sich gegen jedes Verstehen.

Haben wir versagt? Oft denke ich, daß es so ist.

Wenn uns 1945 irgend jemand erzählt hätte, daß zu unserer Lebzeit in nahezu allen Kontinenten noch religiöse Kriege ausbrechen würden, daß Tausende von Kindern wieder an Hunger sterben würden, wir hätten es nicht geglaubt. Oder daß Rassismus und Fanatismus wieder aufblühen würden, wir hätten es nicht geglaubt. Noch hätten wir geglaubt, daß es Regierungen geben würde, die einen Mann wie Lech Walesa seiner Freiheit zu arbeiten berauben würden, nur weil er es wagt, anderer Meinung zu sein. Und er ist kein Einzelfall. Regierungen der Rechten und der Linken gehen noch viel weiter, wenn es darum geht, Menschen zu unterdrücken, die anderer Meinung sind, Schriftsteller, Wissenschaftler, Intellektuelle. Bis zu Folter und Verfolgung.

Wie soll man diese Niederlage des Gedächtnisses erklären?

Wie soll man das erklären: die Schande der Apartheid, die unvermindert anhält. Rassismus ist schon schrecklich genug, aber wenn er vorgibt, legal zu sein und deswegen gerecht, wenn ein Mann wie Nelson Mandela eingekerkert ist, dann wird er noch widerlicher. Ohne die Apartheid mit dem Nazismus und seiner „Endlösung" zu vergleichen – denn die trotzt jedem Vergleich –, kann man nicht umhin, die zwei Systeme in ihrer unterstellten Legalität in das gleiche Lager zu verweisen. Und das Verbrechen des Terrorismus: die Geiseln im Iran, die kaltblütigen Massaker in der Synagoge von Istanbul, die sinnlosen Morde in den Straßen von Paris. Terrorismus muß von allen zivilisierten Nationen geächtet werden, nicht erklärt oder rationalisiert, sondern bekämpft und ausgerottet. Nichts kann und nichts wird den Mord an unschuldigen Menschen und hilflosen Kindern rechtfertigen. Und das Verbrechen an Männern und Frauen wie Andrej Sacharow, Wladimir und Mascha Slepak, Ida Nudel, Josif Begun, Victor Brailowski, Zachar Zonshein und all den anderen bekannten und unbekannten, die daran gehindert werden, ihr Land zu verlassen.

Und dann gibt es Israel, das nach zweitausend Jahren des Exils und 38 Jahren der Souveränität immer noch keinen Frieden hat. Ich möchte dieses Volk, das mein eigenes ist, in der Lage sehen, die Grundlage für eine konstruktive Beziehung mit allen arabischen Nachbarn zu etablieren, wie es das mit Ägypten getan hat. Wir müssen Druck auf alle, die an der Macht sind, ausüben, damit es zu Einigungen kommt.

Und hier kommen wir wieder zurück auf das Gedächtnis. Wir müssen uns an das Leiden meines Volkes erinnern, ebenso wie wir uns an das der Äthiopier, der boat people, der Palästinenser, der Meskito-Indianer, der argentinischen „desaparecidos" erinnern müssen – die Liste scheint endlos.

Erinnern wir uns an Hiob, der, nachdem er alles verloren hatte, seine Kinder, seine Freunde, seinen Besitz und sogar seinen Streit mit Gott, noch die Kraft fand, neu zu beginnen, sein Leben wieder aufzubauen. Hiob war entschlossen, die Schöpfung nicht abzulehnen, die Gott ihm anvertraut hatte, obwohl sie unvollkommen war.

Hiob, unser Vorfahr. Hiob, unser Zeitgenosse. Seine Zerreißprobe geht alle Menschen an. Hat er je seinen Glauben verloren? Wenn dem so wäre, dann hat er ihn wiederentdeckt in seiner Rebellion. Er hat gezeigt, daß Glaube zur Rebellion gehört und daß Hoffnung über die Verzweiflung hinaus möglich ist. Die Quelle seiner Hoffnung war Erinnerung, ebenso wie sie die Quelle unserer Hoffnung sein muß. Weil ich mich erinnere, bin ich verzweifelt. Weil ich mich erinnere, habe ich die Pflicht, die Verzweiflung zurückzuweisen.

Ich erinnere mich der Mörder, ich erinnere mich der Opfer, genauso wie ich kämpfe, um tausend und einen Grund für die Hoffnung zu ersinnen.

Es mag Zeiten geben, in denen wir zu machtlos sind, um Ungerechtigkeiten vorzubeugen. Aber es darf nie eine Zeit geben, wo wir nicht protestieren. Der Talmud erzählt uns, daß der Mensch, wenn er das Leben eines einzigen Menschen rettet, die ganze Welt retten kann. Wir mögen zu wenig Kraft haben, um alle Gefängnisse zu öffnen und alle Gefangenen zu befreien, aber wenn wir unsere Solidarität mit einem Gefangenen erklären, klagen wir alle Kerkerwächter an. Niemand von uns ist in der Lage, den Krieg auszurotten, aber unsere Pflicht ist es, ihn zu denunzieren und bloßzustellen in all seiner Abscheulichkeit. Krieg hinterläßt keine Sieger, nur Opfer.

Ich habe mit einer Geschichte über den Bescht angefangen. Und die Menschheit braucht wie der Bescht die Erinnerung, mehr denn je. Die Menschheit braucht den Frieden mehr denn je, weil unser ganzer Planet durch einen nuklearen Krieg von der totalen Vernichtung bedroht ist. Einer Vernichtung, die nur der Mensch verursachen kann, kann auch nur der Mensch vorbeugen.

Die Menschheit muß sich daran erinnern, daß Friede kein Geschenk Gottes für seine Geschöpfe ist. Er ist ein Geschenk, das wir uns gegenseitig machen.